JN117915

日中翻訳学院*15*周年記念出版

日中 中日 翻訳必携 実戦編Ⅴ

直訳型、意訳型、自然言語訳型の極意

●

高橋弥守彦　段景子 編著

日本僑報社

目　次

その2 「高橋塾」と出会い学んだ感想

※本書に使用した課題文の大半は、中国の書籍から引用したもので、その内ごく少数の原文は、原著者の了解を取り付けられないまま引用した形になりました。中日翻訳レベル向上のため、日中相互理解深化のため、まげてご寛恕を請う次第であります。

翻訳家への道

高橋弥守彦

2023年は、2008年9月に日中翻訳学院が設立されて15周年、2018年4月に日中翻訳学院前院長武吉次郎先生の方針を継承し「高橋塾」が開設されてから5周年、そして1978年8月に日中平和友好条約が締結されてから45周年という節目の年になります。Go, go, go!（555）の年にあたり、これらを記念する一環として、中文和訳の「高橋塾」から、中文日訳に特化した『日中中日翻訳必携 実戦編』の第5弾を出版することが決まりました。

本書について

本書の主な構成は、Ⅰ 解説編、Ⅱ 例文編、Ⅲ 体験談、Ⅳ 体験談その2となっています。

Ⅰ 解説編では、中文和訳の「高橋塾」スクーリングより、「中日両言語の具体化表現と統合化表現」を掲載いたします。授業の一部分を濃縮し、講義でお伝えする中日翻訳の「真諦(真髄)」を、読者の皆さまと共有できれば幸いです。

実際に用いられている中国語の文章を用いて、中国語と日本語における表現方法の違いを分析しつつ、中国語の具体化表現を日本語でいかに簡単明瞭な分かりやすい統合化表現にまとめるか、実戦的な翻訳の技術をご紹介いたします。

Ⅱ 例文編では、中文和訳の「高橋塾」で実際に使用した課題文から3編を選び、それぞれ数パートに分けて「課題文」

「訳文とQ&A」「添削文」「講評」「参考訳文」を掲載し、最後に課題文の全文とその参考訳文をまとめています。

原文・訳文・参考訳文を見比べながら、じっくり読み込んで独学による勉強ができるので、皆さまの翻訳学習の参考になると思われます。

Ⅲ 体験談では、翻訳出版家の段景子先生が、日中翻訳学院の15年間を振り返り、受講生たちが翻訳の学習者から図書翻訳家になるまでの道のりを真摯に語っている他、日中翻訳学院から翻訳者デビューを果たし、実際に図書翻訳に携わってきた受講生たちの率直な感想や、「高橋塾」の塾生などの学習の感想をご紹介します。

中文和訳の「高橋塾」の教育について

1.「高橋塾」の教育方針

中国語と日本語の特徴を分かりやすく説明し、文化を取り入れた両言語の共通点と相違点を明らかにします。「高橋塾」を受講することにより、中日両言語の文章が、意味とリズムの面で無理のない美しい自然言語型で表現され、原文は原文の面白さと美しさ、訳文は訳文の正しさと美しさが知らず知らずのうちに体感できるようにします。

原文は中日両国人に好まれる優れた内容の文章を選び、訳文は「忠実に、なめらかに、美しく」（中国語で「信・達・雅」）を目指して、翻訳の力が付いていくように指導します。

2.教育の「核」

i. 中日両言語の文意は正確に、リズムは中日両言語の伝統に倣いスムーズに、言語表現は中日両国の文化を重んじ分かりやすくします。

ii. 受講生と講師とのメールのやりとりにより、中日表現上の意味上やリズム上の疑問点を解決します。

iii. 中国語では絶句や律詩、日本語では俳句や短歌を読み、中日両言語のリズムをつかみます。これらを基本として、翻訳した文章を何回も読んで推敲を重ね滑らかな表現にします。

3. 身につくスキル

i. 課題文を翻訳することにより、「高橋塾」が翻訳の基本とする八つのテクニック（増訳・減訳・転成訳・倒訳・分訳・合訳・代替訳・換言訳）を無理なくマスターできます。

ii. 本人の翻訳と中日両言語の理論に基づいた講師の添削とにより、文章を推敲する重要さを体感できます。

iii. 中日両言語の特徴をマスターでき、両言語の長所を伸ばし、欠点を克服でき、中日両国の文化を視野に入れる日本語の表現が流暢になります。

4. 受講生の活躍

i. 日本僑報社は、日中翻訳学院で実力をつけた成績優秀者に優先的に出版翻訳を依頼し、多くの書籍を刊行しています。

ii. 翻訳経験のある同修了生や受講生は、日本僑報社の主催する各塾のスクーリングで自分の翻訳経験を発表することにより、さらに翻訳に対するモチベーションを高め、次の翻訳に備えることができます。

iii. 中日両言語の構造をよく理解し、文法・語彙・翻訳などを通じて、中日両国の高校や大学で教鞭をとり、会社では翻訳担当の任に当たっています。

5. これからの受講生へのメッセージ

i. 翻訳家になるという強い信念を持って、中日両言語と両文化を生活の中で親しみ考え、それらを勉強し研究し、自信を持って翻訳に臨むことが大事です。

ii. 原文を何度も声を出して読み、全体の概要をとらえ、全力で翻訳に臨み、翻訳を早めに終えて、何度も推敲し、声を出して読むことが重要です。

iii. 分からないところや不明な点があれば、必ず担当の講師に質問したり相談したりして、担当の講師と連絡を密に取ることが欠かせません。

6.「高橋塾」の基本的な展望や抱負

i. 今までと同様、今後も中日両言語の語彙と文法および文化の基本をマスターし、それを翻訳に活用し反映します。

ii.「単語」を基本として「連語」や「文」はなぜ意味変化をするのか。人の認識と思考を介して、思考と伝達手段としての「文」の重要性をまなび、「談話」の構造を分析します。

iii. 中日両国の文化の共通点と相違点をどのように翻訳に反映させるかを課題文の翻訳で学びます。

7. 翻訳家を目指す受講生の皆さんへ

日中両国の言語・文化・生活などをつたえる翻訳家の使命はかなりの重責となりますが、絶えざる努力と経験を積むことによって、誰でもが一流の翻訳家になれます。高い目標を持って、それぞれの夢を実現しましょう。

I

解説編

高橋弥守彦

 中日両言語の具体化表現と統合化表現 

(「高橋塾」スクーリングより)

内容提要 汉日两种语言在单词层面上无论在意义上还是结构上基本上都存在一一对应的关系。但是上升到短语层面和句子层面时，虽然在意义上有对应关系，但在结构上往往出现不对应的情况较多。其原因之一是因为汉语为具体表达，而日语为统合表达。本文将阐明造成这种差异的原因所在，并进一步揭示汉日两种语言不同的表达效果。

キーワード 表意文字 表音文字 具体化表現 類似義表現 統合化表現

はじめに

中国語は表意文字であり、日本語は表音文字である。通時的には、前者は書き言葉として発達し、後者は話し言葉として発達する。両者のこの発達上の違いが実質視点と話題視点[1]との表現上の特徴となり、共時的な現代中日両言語の表現方法にも影響を及ぼす。以下の実例で、両者の違いを端的に表すのが、中国語の具体化表現・類似義表現と、それに対応する日本語の統合化表現である。

（1）我心灰意疏，收拾了笔墨纸砚，打算与十年寒窗告别。娘说："再试一年吧。"（『人民』97－5－87）
すっかり落ち込んだ僕は、勉強道具を片づけて、十年以上にわたった学校生活におさらばしようと思ったのだが、おふくろが「もう一年頑張れ」という。（同上、97－5－86）

（2）我开始变得沉默不语，在黑暗里我常常回忆起我和萍在一起度过的快乐的时光。（『人民』96－12－85）
僕はだんだん無口になり、暗闇のなかで、萍と過ごした楽しい日々の回想に耽ることが多くなった。（同上）

日本語の特徴である統合化表現とは、中国語の二つ以上の単語・連語・文（分文）を一つの語句や文として表現する方法である。書き言葉から発達した中国語は、かつて点で作る文章と言われた。青銅・銅・金・玉・石・竹などは文字を彫りにくく、絹や紙は高価であり、なるべく簡略化せざるをえなかったからである。六世紀ごろ、中国で木版印刷が発明されると、見て分かりやすくするばかりでなく、聞いても分かりやすくするため、具体化表現や類似義表現が徐々に発達してくる。日本語は表音文字なので、具体化表現や類似義表現をそのまま訳すと長くなりすぎ、意味がくどく、表現が冗漫になるので、簡単明瞭な統合化表現にする。

例（1）には具体化表現"笔墨纸砚"が一つあるが、それを具体化表現として訳さず、統合化表現［勉強道具を］として訳している。具体化表現［筆墨紙硯］をそのまま一つずつ訳すと、音節数が多くなり、表現が冗漫になる。

例（2）には類似義表現"沉默不语"が一つあるが、類似義表現"沉默"と"不语"はそのまま訳さず、簡単明瞭な統合化表現［無口に］として訳している。類似義表現［黙っていてしゃべらない］をそのまま訳すと、意味の重複［黙っていて］［しゃべらない］となるばかりでなく、表現がくどく冗漫になる。

漢字だけで表現する単形体言語の中国語は、単語を並列させることにより、リズムを取り意味を分かりやすく表現する。漢字・平仮名・片仮名で表現する多形体言語の日本語は形態変化があり、単語自体が長くなる傾向にあるので、表現上の冗漫さを避けるため、日本語は並列的な中国語の具体化表現や類似義表現を直線的で簡単明瞭な分かりやすい統合化表現にする傾向にある。

具体化表現と統合化表現

中国語は文字を記す材料との関係で、書き言葉から発達した象形文字を中心とする表意文字[2)]であるため、表現が簡潔である。その簡潔な表現を聞いても分かりやすくするため、類似義表現や対比表現を含む具体化表現が発達する。日本語は表音文字なので、類似義表現は意味が重複し、表現が冗漫になる可能性が高いので、簡単明瞭で分かりやすい統合化表現にまとめる傾向にある。

日本語が重複表現を避ける傾向にあることは、名詞の格の用法にも現れる。たとえば、"我每天早上八点去学校。"［毎朝8

時に学校に行く。］は日本語の表現として間違いではないが、一般には［毎朝8時に学校へ行く。］と表現する。これは名詞の格によるリズムの問題である。名詞の格は重複する「…に…に…」よりも、重複しない「…に…へ…」の方が明らかにリズミカルである。

日本語の統合化表現とは、できるだけ短くして簡単明瞭に表現することである。中日対照言語学の観点から見れば、中国語の具体化表現としての二つ以上の単語・連語・文（分文）を一つの語句や文に訳出する表現方法[3)]である。対比表現は、そのまま訳すと長くなるが、リズムが取れていて分かりやすいので、統合化表現にできるところは統合化表現にして、対比表現はそのまま活かす傾向にある。以下では具体化表現と統合化表現の実例を見て検討してみよう。

（3）一路上多多沉默寡言，他知道自己做错了事。（『人民』89－1－99）

歩きながら、多多はだまったままだ。自分が悪いことをしたのを知っていたからだ。（同上）

（4）有一天，当她看完我带的一本《台港文学选刊》杂志的封皮，我表示要把杂志送给她时，她却摇头谢绝了。（『人民』97－1－71）

ある日のこと、彼女が『台港文学選刊』の表紙を見終わったところで、あなたにあげるよ、というと、彼女は強く首を横に振った。（同上、97－1－70）

（5）她和他是青梅竹马。（『人民』96－11－85）

ふたりは幼なじみだった。（同上、96－11－84）

例 (3) の原文にはリズミカルな類似義表現“沉默寡言”が一つある。訳文は、簡単明瞭な統合化表現［だまったままだ］として訳出している。類似義表現［押し黙ったまま無口である］をそのまま訳すと、意味の重複［押し黙ったまま］［無口である］となり、冗漫になることを免れない。(4) は四字熟語にしてリズムをとり、分かりやすくするため、類似義を表す単語“摇头”“谢绝”を重複させている。訳文は一つの連語［強く首を横に振った］で、簡単明瞭に表現している。(5) の原文にある連語“她和他”と成語“青梅竹马”は、訳文ではそれぞれ［二人は］と［幼なじみだった］に統合化され分かり易く表現されている。次に分文以上の具体化表現を見てみよう。

（6）这时，我才发现他的话具有非常的现实性与合理性。（『人民』96－7－87）

そう言われてみれば、確かにそうだ。（同上、96－7－86）

（7）人比人得死，货比货得扔。陈君这些年日子过得紧巴巴的，为招待朋友，他自掏腰包请客乃是家常便饭，老婆为这事没少骂他。（『人民』93－8－111）

人間にも品物にも、優劣が生じるのはしかたがない。ここ何年か陳君は懐具合が苦しく、友人の接待にも自腹を切るのが毎度のこと、それで女房からはガミガミ言われ通しだ。（同上、93－8－110）

（8）我一想也对，椅子是立在茶几两侧的，椅子光彩照人，茶

几却黑不溜秋，就像两个天姿国色的丫鬟守着一位奇丑无比的小姐，的确让人看着别扭。(『人民』96－7－87)
僕はなるほどと思った。椅子は茶卓の両側に立って、まぶしいほど光っているが、真ん中の茶卓は黒ずんで汚い。天使のような下女が、器量の悪いお姫さまのそばに仕えているようで、どうも似つかわしくない。(同上、96－7－86)

例(6)は類似義表現“非常的现实性与合理性”［非常に現実的で合理的な］を含む複雑な文“这时，我才发现他的话具有非常的现实性与合理性。”を日本語では簡単明瞭な文［そう言われてみれば、確かにそうだ。］で分かりやすく表現している。(7)は「対」で表現するリズミカルで分かりやすい諺“人比人得死，货比货得扔”［人間は負ければ死ななければならないし、物は悪ければ捨てられる］を分かりやすい一つの文［人間にも品物にも、優劣が生じるのはしかたがない］で表現されている。

例(8)はモノをヒトに喩える擬人法による比喩表現であり、“椅子光彩照人，茶几却黑不溜秋”［まぶしいほど光っているが、真ん中の茶卓は黒ずんで汚い］と“两个天姿国色的丫鬟守着一位奇丑无比的小姐”［天使のような下女が、器量の悪いお姫さまのそばに仕えている］の二つの対比表現を含んでいる。後者の対比表現は前者を比喩することによって、両者“椅子”と“茶几”にどのくらいの差があるのかを明らかにしている。この比喩により、中日両言語がともに一層分かりやすくなっている。日本語は対比表現をほとんどそのまま訳しているので、長い表現となるが、分かりやすさが優先されている。

上掲の実例にみられるように、中国語の分かりやすくリズミカルなこれらの表現上のテクニックは、日本語では中国語の具体化表現をできるだけ避け、短く分かりやすくし、一つに統合して表現する傾向がみられる。

表意文字の中国語は簡潔な面があるが、それだけに分かり難い面もある。中国語を分かりやすくするため、現実を具体的に表現するテクニックが生まれ、表現が綿密になる。表音文字の日本語は単語自体音節数が多いので、冗漫さを避け、簡単明瞭に表現するため、表現が統合的になる。これにより、日本語の表現がリズミカルになる。

中日両言語では、なぜこのように表現方法が違うのか。単語レベルの語彙的な意味は対応するのに、連語レベル以上になると対応しない場合がしばしば見られる。以下では連語と文レベルに分け、表現上の違いを実例により検討してみよう。

1.連語レベルでの具体化表現と統合化表現

中国語は名詞・動詞・形容詞などの各連語に大別[4]できるが、本節で言う連語とは各品詞の並列型である。

1.1.名詞の並列連語

中国語の名詞の並列で作る名詞連語は、名詞の数量が多いものから少ないものまで多様である。一般的な傾向として、中国語の名詞が二つまたは三つまでの並列であれば、そのまま日本語に訳される。

(9) 不但有饭吃，而且相当丰盛，上了鳗鱼和大闸蟹。(『人民』18－6－69)
食べるものがあるどころでなく、かなりのごちそうで、ウナギやカニが出てきた。(同上、18－68)

(10) 洁一面叮嘱着丈夫，一面将自己的背包从肩上取下来，把香蕉、桔子、水蜜桃等怕压的东西塞进去，交到丈夫手里。(『人民』96－1－87)
潔は夫にこう言い聞かせながら、自分のショルダーバッグを下ろして、バナナ、オレンジ、スイミツトウなど傷みやすいものをそっとその中に入れ、夫の手にもたせた。(同上、96－1－86)

(11) 至于调味品虾油酱油醋什么的就更不用我饶舌，她必定在上菜之前都摆在我面前。(『人民』97－1－71)
エビ油、しょう油、酢などの調味料も、料理が出る前にちゃんと揃えてくれた。(同上、97－1－70)

例 (9) は名詞連語“鳗鱼和大闸蟹”の中の二つの名詞“鳗鱼”“大闸蟹”が並列的に並んで、そのまま訳されている。両者は種類が異なるので、ひとつにまとめられない。(10) (11) は三つの名詞“香蕉、桔子、水蜜桃等怕压的东西”［バナナ、オレンジ、スイミツトウなど傷みやすいもの］、“调味品虾油酱油醋什么的”［エビ油、しょう油、酢などの調味料］が並列的に並び、みなそのまま訳出されている。ところが、下記のように名詞が四つ以上並ぶと、一般に統合される傾向にある。

(12) 碗碟勺筷无须吩咐，就用开水烫了又烫，然后齐齐整整摆到我面前。(『人民』97－1－71)
茶碗やお皿も、こっちが黙っていても、何度もお湯で洗ってきちんと並べてくれる。(同上、97－1－70)
(13) 回家后，父亲自诩，他的提了干的小儿子是如何款待他的。姑嫂叔爷们眼馋，说他有个好儿子。(『人民』96－9－87)
家に帰ると、親父は幹部になった息子が自分を大歓待してくれたと吹いて回り、親戚の者たちを大いに羨ましがらせた。(同上)
(14) 我从来不去关心柴米油盐酱醋茶，也很少会觉得自己无事可做，每天心都被好奇和兴奋占得满满的。(「人民」14－4－70)
生活の心配をしたことなんかなかったし、また退屈を感じることもほとんどなく、毎日が好奇心と興奮に満ち溢れていた。(同上)

例 (12) は四つの名詞“碗碟勺筷”が代表的な二つの名詞［茶碗やお皿も］に統合化され、(13) の“姑嫂叔爷们”は［親戚の者たち］に統合化され、(14) は七つの名詞“柴米油盐酱醋茶”が一つの名詞［生活］に統合化され訳されている。これらは、それぞれが統合の違いはあるものの、日本語ではいずれも統合化表現となっている。

例 (9) から (14) の名詞の並列を見ると、(9) のような特別な並列関係を除いて、一般に名詞の並列は二つか三つかであれば統合されないが、四つ以上になると統合される可能性が高くなると言えそうである。これは中日両言語のそれぞれの表現上の特徴を活かすためといえる。

表意文字の中国語は分かりやすくするため、なるべく現実を反映する具体化表現をとるが、表音文字の日本語は冗漫さを避け、簡単明瞭な統合化表現にする。これらの表現は中日両言語の特徴を反映しているといえる。特に例（13）と（14）は中日両言語の特徴を活かした表現と言える。この表現はともに分かりやすくするための、中国語の簡潔さと、日本語の明瞭さを表現できる。ただし、(14）は［生活の心配を］ではなく、［食べることの心配を］と訳す方がより適訳となるだろう。

1.2. 動詞の並列連語

動詞の並列連語は動詞だけの並列ではなく、動詞を核とする「動詞＋名詞」構造の並列が原則である。一般には下記の例文に見られるように、四字にしてリズミカルに音節を整える場合（例15，16，17）が多い。

（15）家乡的土地是黄沙土，长庄稼不旺，产量低，我家人口又多，五月打下的小麦年年吃不过腊月，为了补偿肚子，娘喂猪养鸡，攒钱让爹粜来玉米，加上一窖红薯，填充断麦的日子。（『人民』97－5－87）

田舎の土地は黄土質で農作物の育ちが悪く、家族も多かったので五月に収穫した小麦も正月まで持たなかった。食糧確保のためおふくろは豚や鶏を飼い、これを金に代えてトウモロコシを買い付け、さらにサツマイモを一室

手当てして次の収穫までつなぐのだった。（同上、97－5－86）

（16）当初，为了回绝她执著的追求，他曾当面骂过她：滚开，你这个没皮没脸的东西！（『人民』96－8－87）
はじめのうちは、しつこく迫ってくる彼女に引導を渡そうと、面と向かって罵倒したこともある。いいかげんにしろ、この恥知らずが！と。（同上、96－8－86）

（17）玉米锅巴焦黄焦黄，煞是悦目，但不中吃，粗糙难咽，而蒸红薯煮红薯闻着喷香，吃多了却胃酸恶心。（『人民』97－5－87）
トウモロコシのお焦げは黄金色で見た目にはよいが、カサカサして喉を通らないし、煮たきしたサツマイモは、匂いはいいがたくさん食べると胸が焼ける。（同上、97－5－86）

（18）正月初三，翔哥率妻子、保姆忙碌半天，做好个应准备。（『人民』93－9－111）
旧正月の三日、翔歌は妻とお手伝いさんを率いて朝からバタバタと準備をととのえた。（同上、93－9－110）

例（15）の“喂猪养鸡”［豚や鶏を飼い］は二つの名詞が翻訳されている。(16) の“没皮没脸”［面の皮が厚い］、(17) の“胃酸恶心”［胸が焼ける］、(18) の“率妻子、保姆”［妻とお手伝いさんを率いて］で表現される中国語は、「動詞＋名詞」だけではないが、多くの場合、四字にしてリズムをよくしている。日本語の訳は、それをすべて訳すのではなく、中国語に比べるとかなり簡単明瞭になって統合化されている。次に連語がやや複雑で多くなる例文を見てみよう。

(19) 新房里笑成一团，闹成一团。(『人民』96－10－87)
新郎新婦の部屋で全員が笑い転げ、騒ぎは延々と続いた。(同上)

(20) 下油加辣下螺加酱油加料酒加糖加葱加味精，三翻两炒，一盘香喷喷的炒香螺顷刻上了桌面。(『人民』97－1－71)
油を敷いてトウガラシを入れ、鍋が熱くなったら田螺を入れる。それから順番にしょう油、調理酒、砂糖、ネギ、化学調味料を加え、二、三回鍋をかえすと、プンといい匂いがして田螺料理がたちまちでき上がった。(同上)

例 (19) の“笑成一团，闹成一团”［全員が笑い転げ、騒ぎは延々と続いた］、(20) の“下油加辣下螺加酱油加料酒加糖加葱加味精”［油を敷いてトウガラシを入れ、鍋が熱くなったら田螺を入れる。それから順番にしょう油、調理酒、砂糖、ネギ、化学調味料を加え］は、原文も訳文もそれぞれ表現が優れ連語の意味が分かりやすくなっている。たとえば、(19) の原文は四字表現を「対」にして分かりやすくしてある。訳文はその雰囲気までを見事に翻訳している。(20) は動詞“下”と“加”とにより分かりやすくし、訳文は鍋に材料を入れるまでの工程と調味料を入れる順序とに分けて訳している。見事な訳である。以下では構造がさらに複雑だが、リズミカルな表現の原文と若干推敲を要するであろう訳文を見てみよう。

(21) 娘锄地间苗，娘刷锅做饭，娘缝衣补被，娘破冰浣洗……。（『人民』97－5－87）
畑仕事、炊事、針仕事、氷を割っての洗濯──（同上、97－5－86）

(22) 接下来我上大学干工作，娶妻生子，生活和事业一帆风顺。（『人民』97－5－87）
その後、僕は大学を出てちょっとした仕事につき、結婚して子供も生まれ、生活も仕事も順調だった。（同上）

例（21）の"娘锄地间苗，娘刷锅做饭，娘缝衣补被，娘破冰浣洗"［畑仕事、炊事、針仕事、氷を割っての洗濯］は、それぞれが優れた表現といえる。訳文は原文のリズミカルさを出すためには［畑仕事をするお袋、炊事をするお袋、針仕事をするお袋、氷を割って冬場の洗濯をするお袋］と表現すると、リズムがいっそうよくなるだろう。(22）の"我上大学干工作，娶妻生子，生活和事业一帆风顺"［僕は大学を出てちょっとした仕事につき、結婚して子供も生まれ、生活も仕事も順調だった］も優れた原文と訳文とである。しかし、下線部の訳文を［その後、入学、就職、結婚、出産と、仕事も生活もすべて順調にいった］と訳す方がさらに優れリズミカルになる。［入学、就職、結婚、出産と］を並列関係で簡単明瞭に表現し、それをまとめて［仕事も生活もすべて順調だった］と表現する方がいっそう日本人の言語習慣[5]にあっているからである。

1.3. 形容詞の並列連語

形容詞の連接は、一般には二つか三つかである。二つまたは三つの形容詞を並列的に連接するために、よく二つの副詞の連用“又…又…”（例23)、“既…又…”（例26）や接続詞“…而…”（例28）などを用いる。まれに接続詞“…和…”（例27）を用いる場合や形容詞を並列するだけの場合（例25, 28）もある。二つあるいは三つの形容詞は日本語に訳出する場合もあるし、一つにまとめる場合もある。

(23) 椅面千疮百孔，椅腿长短不齐，又黑又脏，像个出土文物。（『人民』96－7－87）
椅子はもう傷だらけで、足の長さも不揃いだし、黒い汚れがこびりついて、まるで古代遺跡から掘り出された道具のようだ。（同上、96－7－86）

(24) 笑容很快在小王脸上凝固，面对原本四条腿现在还剩下两条腿的椅子，他现出一副尴尬而不好意思的神色。（『人民』96－7－87）
笑いが彼の顔に凍りついた。よく見ると四本あった足が二本しかないのだ。王君は「えらいことになったな」という顔をした。（同上、96－7－86）

(25) 跑堂的是个川妹子，老板娘叫她阿春，长得虽不十分妩媚，五官倒也齐整，尤其看人时，眼睛潮潮的，一副情深意长的样子。（『人民』97－1－71）
この店に料理を運ぶ四川省出身のウエイトレスがいて、ママは彼女を「お春」と呼んでいた。色っぽいと言うほどではないが、目鼻立ちが整っていて、とくに人を見るときの眼が潤んでいて、なにかこころありげに見える。（同上、97－1－70）

(26) “我一定要将椅子做得既美观又结实。”（『人民』96－7－87）
「見てろよ、格好よくて丈夫な椅子をつくってやるからな」（同上、96－7－86）

(27) 这把椅子已很漂亮，可它越漂亮，就越衬出茶几另一侧那把椅子的寒酸和丑陋。（『人民』96－7－87）
一方がこんなに綺麗になってしまったので、相棒がますますみすぼらしく貧相に見えるのだ。（同上、96－7－86）

(28) 回想去年元旦，在那位处长家初次聚会，情形何等欢畅、激扬、热烈。（『人民』93－9－111）
去年の春節、部長の家に集まったのが最初だった。あれは本当に楽しくて、感動的で、すごい熱気だった。（同上、93－9－110）

例（23）の“又黑又脏”は形容詞をそのまま訳したのではなく一つの連語にまとめる話題視点［黒い汚れがこびりついて］によっての訳である。(24) の二つの並列する形容詞“尴尬而不好意思”も一つの連語［えらいことになったな］で訳されている。(25) の形容詞を核とする二つの説明連語“情深”“意长”も、一つの連語［こころありげ］で訳されている。(26) の“既美观又结实”は、そのまま［格好よくて丈夫な］で訳されている。(27) の“寒酸和丑陋”は、単語レベルで見れば二つの形容詞だが、名詞連語のなかの核となっているので、名詞と同様の扱いを受けている。(28) は三つの形容詞の並列“欢畅、激扬、热烈”とみなせるので、訳文［楽しくて、感動的で、すごい熱気だった］もそのまま訳されている。

1.4. 成語内部の並列

成語内部の並列関係は2類に大別できる。一つは、一つの出来事を異なる角度から表現する場合、もう一つは、異なる二つの角度から一つの出来事を表現する場合である。これらの表現はいずれも中国の「対の文化」[6)]の影響を受けているといえる。

(29) 陈君喝得酩酊大醉，被人搀扶而归。(『人民』93－8－111)
陳君はベロベロに酔っ払い、人に助けられて家に帰りついた。(同上)

(30) 他最喜欢像个孩子般趴在她怀里，脸颊紧贴着她的胸脯，侧耳聆听她心跳的声音。(『人民』96－2－87)
彼は子供のように彼女の懐に顔を伏せ、耳をぴったり胸につけて、彼女の心臓の鼓動を聞くのが好きだった。(同上、96－2－86)

(31) 但爸爸不争气，患有北方常见病气管炎，一天到晚总咳嗽，他一咳嗽小屋都跟着震动，元元写作业聚精会神的思考就会被打乱。(『人民』97－2－87)
父親のほうが無理のきかぬ体で、北方の人に多い気管支炎の持病があり、一日中やすみなく咳をしていた。かれがひとたび咳き込み始めると家中がそれにあわせて振動

し、一所懸命に勉強に打ち込んでいる元元の思考も破られてしまうのだった。（同上、97－2－86）

(32)“呜——”火车已经进站了。洁仍在手忙脚乱地往丈夫的旅行包里塞着刚买来的吃食。(『人民』96－1－87)

「うー」と低く警笛をならしながら列車がプラットホームに入ってきたが、潔は依然としてせわしげに、買ってきたばかりの食品を夫の旅行カバンに詰めている。（同上、96－1－86）

中国語の具体化と日本語の統合化は、以下のような表現になっている。例（29）は補語“酩酊大醉”［ベロベロに酔っ払い］、（30）は述語“側耳聆听”［聞く］、（31）は限定語“聚精会神”［一所懸命に］、（32）は状況語“手忙脚乱”［せわしげに］である。これら下線部の中日両言語を対照すると、中国語は具体的であり、日本語は統合化されていると言える。

上掲の中国語は、どの文成分であっても、意味的には綿密で、音節的にはリズミカルな表現である。この綿密でリズミカルな文成分を日本語ではどのように訳すのか、これが課題の一つである。なぜ中国語では、綿密でリズミカルな表現が好まれるのか。日本語はなぜそれをすべて訳さず統合的に表現するのか。ここにはやはり中日両言語の文字形体の特徴が出ている。

表意文字の中国語は難解な表現になると、一音節や二音節の単語では意味が分かりにくい。同一の現実は多角度から具体的に表現することにより、分かりやすくなる。日本語は表音文字で長くなる嫌いがあるので、中国語の具体化表現をそのまま訳さず、統合的に分かりやすく表現する傾向にある。中日両言語が対応する上掲の語句では、日本語よりも中国語のほうがはるかに綿密である。中国語は具体化することにより分かりやすくなり、日本語は統合化することにより分かりやすくなる。これが中国語の具体化表現と日本語の統合化表現の理由である。

2.分文以上の具体化表現と統合化表現

本節では、分文以上の大きな文法単位である中国語の分文・複文・二つ以上の文などを対象にした具体化表現とそれに対応する日本語の統合化表現について、以下で検討してみよう。

(33) 女人哪，最经不住男人甜言蜜语诱惑。(『人民』95−9−99)
女って、男の甘い誘惑にすぐ参っちまうんだなあ。(同上、95−9−98)

(34) 上班到公司，发现科里的小郭有点闷闷不乐。(『人民』96−4−87)
会社に出ると、同僚の郭君が浮かない顔をしていた。(同上、96−4−86)

(35) 金龙赶着牛，一脸愁苦。(『人民』97−3−87)
牛を追う金竜の表情は苦しげだった。(同上、97−3−86)

(36) 言者无心，听者有意。妻子的气话令我一振，也是！(『人民』96−7−87)
冗談のつもりだったろうが、僕はこの言葉にはっとした。そうだ！(同上)

例（33）は客体の綿密な拡大選択連語“最经不住男人甜言蜜语诱惑”で作る分文を客体の単純な拡大選択連語［男の甘い誘惑にすぐ参っちまうんだなあ］で訳している。（34）は連動連語“上班到公司”で作る分文を選択連語［会社に出ると］で訳している。（35）は二つの分文からなる複文“金龙赶着牛，一脸愁苦。”を一つの単文［牛を追う金竜の表情は苦しげだった。］として訳している。（36）はやや複雑で、二つの複文“言者无心，听者有意。”“妻子的气话令我一振，也是！”を一つの複文［冗談のつもりだったろうが、僕はこの言葉にはっとした。］と単文［そうだ！］に分けて訳している。

上掲の文は、いずれの文も中国語は中国語として優れ、日本語は日本語として優れている。たとえば、例（33）の“最经不住男人甜言蜜语诱惑”は、中国語としてはPO構造を基本とする分かりやすい拡大選択連語だが、そのまま日本語に訳すと、かなり冗漫なリズムの悪い訳［男の甘い言葉の誘惑に最も弱いからなあ］となる。訳文はこれを統合し分かりやすい日本語で訳している。ただし、［男の甘い言葉にすぐ参っちまうんだなあ］と訳す方がさらによくなるだろう。訳文中の［男の甘い誘惑］には言葉だけではなく、他の要素も含まれる。

例（35）の中国語は二つの分文からなる複文“金龙赶着牛，一脸愁苦。”だが、分文は前者が「SPO」構造、後者が「SP」構造である。この二つの中国語の構造は最も分かりやすく、原文は複文なので、リズムがよい。この文を“金龙一脸愁苦的样子赶着牛。”とすると、間違いではないであろうが、リズムがやや悪くなる。一方、日本語は一つの単文［牛を追う金竜の表情は苦しげだった。］で表現する「SP」構造であり分かりやすい。日本語は主語［表情は］と述語［苦しげだった］が近ければ近いほど分かりやすくなるので、優れた文と言える。これを［金竜は牛を追い、表情は苦しげだった。］と訳すと、二つの分文となり、文としてはやや冗漫になる。他の文も同様である。

3. 具体化表現と統合化表現の長短

中国語は表意文字なので、類似義表現や具体化表現、ひいては対比表現を用い、意味上では分かりやすく、音節上ではリズミカルな表現にする。日本語は表音文字であり、単語自体が比較的長いので、意味的な冗漫さを避け、なるべく短く表現し、分かりやすくリズミカルにするため、統合化表現が発達する。このような中国語の具体化表現と日本語の統合化表現は、中日両言語の特徴の一つでもある。よく中国語は「具体的」、日本語は「あいまい」と言われるのも、この点にある。

連語以上の文法単位をそのまま中日両言語の特徴に沿って訳すと、重大な過失を犯すことになる。日本は第二次世界大戦敗戦後、1972年における中国との国交回復のさい、当時の田中角栄首相と周恩来総理のあいだに生じた［多大なご迷惑］発言がある。多くの研究者の意見は、直訳に近い中国語の“添了很大的麻烦”は、ちょっとしたことに対して、軽く謝った程度のことを意味する表現なので、このような重大な場面では、中国語としては軽すぎるということであった。

この意味であれば、たしかに中国語としては軽すぎる。日本語の［迷惑］と中国語の“麻烦”がこの場面では等価ではなかったことに起因する誤訳といえる。この訳は、歴史的事実を反映する表現でなければならなかったのである。この問題について、横川伸は「共同声明」により、最終的には言い換えで決着した、と述べている。

これまで、「多大なご迷惑」発言[7]を言語学的に研究したのが横川の論文[8]だろう。横川[9]は、多くの資料に基づき、田中角栄が通産大臣だったころから日本国首相としての国交回復時までの中国に関する一連の発言内容の調査と分析とにより、横川と同じ立場の通訳に同情しながらも、日本語の立場から表現し、歴史的事実を考慮せず謝罪も曖昧な、単なる翻訳としての、この中国語訳は、誠意を示した田中首相の真意を伝えていなく、言語学的に間違いだと断言している。数年に及ぶ当時の資料に基づいた横川の研究は、多くの研究者を代弁する優れた本格的な論文と言えるだろう。

二十数年たち、歴史的事実を踏まえ謝罪を明らかにした『村山談話』が1995年に発表される。この談話は中国側からも高い評価を受ける。田中元首相は最大級の誠意を持って中国側と接したが、歓迎宴におけるスピーチは戦争責任や謝罪表現が曖昧な統合化表現であった。歓迎宴における田中スピーチと『村山談話』とでは、どのような違いがあったのだろうか。両者の決定的な違いは、『村山談話』では曖昧な統合化表現を避け、歴史的事実を具体的に明記し、分かりやすく公的に謝罪した点である。

実例に基づいた上記の言語資料に見られる筆者の調査と分析とにより、日本語独特の統合化表現だけではなく、二つまたは三つの歴史的事実を具体的に挙げ、さらに単語としては“麻烦”ではなく、“谢罪”［謝罪］や“灾难”［災難］によって表現するのが中国語の表現方法にのっとっている、と言えることが明らかになった。

当時、おそらく日本側は、日本語の習慣にそった統合化表現［多大なご迷惑］により、最大級の釈明をし、誠意を持って、日本側の立場を中国に説明すれば、日本側の真意が伝わると考えたのであろう。中国ばかりでなく国際的な表現方法である前述の二つまたは三つの歴史的事実を具体的に挙げる表現方法を採るべきであるという点に思いいたらなかったのだろう。筆者の分析が正しければ、これは通訳の責任ばかりではなく、研究者の責任でもある。

類似義表現と統合化表現

漢字だけで表現する単形体言語の中国語は、類似する語句を具体的に並列させて、リズムを取り意味を分かりやすくする。多形体言語の日本語は形態変化があり、単語自体が長くなるので、並列的に表現する中国語の類似義表現や具体化表現などをまとまり性のある直線的な一つの語句にし、単純化して統合的に表現する[10)]。以下では実例を見て、その傾向性を見てみよう。

(37) 这么一屋精巧细致的东西，却有这么一位粗笨龌龊的女人来管理和使用，的确让人憋气。(『人民』96－7－87)

こんな立派な家具を、こんなぬかみそ野郎に使われてた

まるかい。（同上）

(38) 那时，我心里酸酸的，痒痒的，爹呵，临别时你喝的就是你用犊子换来的茅台呀……（『人民』96－9－87）

私は苦々しい思いで一杯だった。父さん、あの晩あんたの飲んだお酒が、あんたが子ウシを売って買ってきた茅台だったんだよ。（同上）

(39) 椅子做成了，浑然一体的红松结构严丝合缝、玲珑剔透，古铜色的油漆散发出一股芳香，表面光亮得像面镜子。（『人民』96－7－87）

やがて、赤松を材料にしてできた椅子は寸分の隙もなく、赤銅色のペンキはいい香りを漂わせて、表面は顔が映りそうに光っていた。（同上、96－7－86）

(40) 我们东瞧瞧，西转转，来到一个卖柚的小姑娘面前。（『人民』93－6－111）

歩いているうちにぼくたちは、ザボンを売っているひとりの女の子の前に来た。（同上、93－6－110）

例（37）の原文は、それぞれ具体的に二つの形容詞“精巧细致”“粗笨龌龊”と二つの動詞“管理和使用”を組み合わせて分かりやすく表現している。訳文の日本語は類似する二つの形容詞や動詞をいちいち訳していたのでは冗漫になるので、それらを統合し、それぞれ一単語［立派な］［ぬかみそ］［使われる］で表現している。（38）は形容詞で表現する二つの心理描写“酸酸的，痒痒的”を一連語［苦々しい思いで］で表現している。（39）は二つの成語“严丝合缝、玲珑剔透”を一つの連語［寸分の隙もなく］で表現している。(40) は「対」で表す一つの慣用句"东瞧瞧，西转转"だが、やはり一つの連語［歩いているうちに］として表現している。具体化表現と統合化表現とでは、表現方法は異なるが、原文も訳文もそれぞれの言語の特徴を活かし分かりやすく表現している。

おわりに

中国語は青銅・金・玉・鉄・竹などの字を彫る材料との関係で書き言葉として発達する。木版印刷が6世紀ごろ中国で発明されると、紀元前から発明されていた紙を利用することにより、だんだん文章を刷るのが便利になり、分量も多く刷れるようになる。木版印刷の発達は、文章の内容を分かりやすく、リズミカルにするため、四字句の成語や類似義表現、および対比表現などの具体化表現がいっそう発達してくる。

古代日本には紙や印刷の発明がないので、日本語は話し言葉として発達する。紀元600年（推古8年）から、遣隋使の派遣により、中日両国の交流が本格的に始まる。しかし、日本では多くの人材を派遣する豊富な経済力が不足していたので、高いレベルの中国文化や文明を取り入れるため、翻訳が発達する。翻訳は、当初、日本では白文を漢文読みすることから始まる。一方、五七五を基本とする和歌などが広く普及してくると、日本語を簡単明瞭でリズミカルな表現にするため、なるべく中国語の成語や類似義表現が避けられる。日本語では、それらに相当する中国語の語句を簡単明瞭に表現する分かりやすい統合化表現が発達する。統合化表現が発達してくると、徐々に類似義表現や構造上の重複表現を避ける傾向が顕著となり、日本語らしくなってくる。

現代語としての中日両言語にも、この傾向性が見られる。中国語は表意文字なので、成語や類似義表現などを多用し、分かりやすくリズミカルな表現にしている。一方、日本語は表音文字で、単語自体が長くなるため、中国語での連語以上の表現は、日本語に翻訳する場合、冗漫さを避け、分かりやすくリズミカルな統合化表現にする傾向にある。

中日両言語は今でもそれぞれの特徴を表現する具体化表現と統合化表現の傾向性が強く見られるが、両者の特徴を活かした例（10）（11）のような表現形式の的確性と重要性とがあることを忘れてはならないだろう。特に表現習慣の多様な国際間の協議においては、曖昧さを避けるために、具体的な事例を入れてから統合化表現にするのが重要である。

参考文献

日本語文献
1. 荒川清秀（2015）『動詞を中心にした中国語文法論集』白帝社
2. 小泉純一郎（2005）『小泉談話』ネット
3. 鈴木康之（2000）『日本語学の常識』海山文化研究所
4. 鈴木康之（2011）『現代日本語の連語論』日本語文法研究会
5. 朱徳熙著 杉村博文・木村英樹訳（1995）『文法講義』白帝社
6. 高橋弥守彦（2017）『中日対照言語学概論―その発想と表現―』日本僑報社
7. ――（2020）『中日翻译学的基础与构思―从共生到共创』外语教学与研究出版社
8. 松村達夫（1978）『翻訳の論理　英語から日本語へ』玉川大学出版部
9. 村山富一（1995）『村山談話』ネット
10. 横川伸（2011）「『多大のご迷惑』と中国語訳について」『横川伸教授古

希記念 日中言語文化研究論集』古希記念論集編集委員会　白帝社
11. 李臨定著／宮田一郎訳（1993）『中国語文法概論』光生館

中国語文献

1. 丁崇明（2009）《现代汉语语法教程》北京大学出版社
2. 耿二岭（2010）《汉语语法》北京语言大学出版社
3. 卢福波（2011）《对外汉语教学实用语法》北京语言大学出版社
4. 陆庆和（2006）《实用对外汉语教学语法》北京大学出版社
5. 单宝顺（2011）《现代汉语处所宾语研究》中社会科学出版社
6. 杨德峰（2004）《汉语的结构和句子研究》教育科学出版社

言語資料

『人民中国』ショートショート（1988～1997）人民中国雑誌社
『人民中国』楽らく対訳（2014～2017）人民中国雑誌社
『人民中国』ショートショート（2018～）人民中国雑誌社

1）中国語の実質視点と日本語の話題視点の例文を見てみよう。
車停了，站牌前的人一齐拥向车门。（『人民』96－12－85）／バスが着くと人々は、人々は一斉にドアの前に群がった。（同上、96－12－85）
この複文が仮に“车停了。”だけであれば、「バス／ジープ／タクシー／トラック／電車／貨物列車が止まった。」などと訳せる。日本語は話題となっている乗物名で訳さなければならない。これが実質視点と話題視点の違いである。
2）日本には中国語の漢字の特徴を分析して「表語文字」という研究者もいる。
3）中国語の分析表現がすべて一つにまとめられているわけではないが、短くまとめようとする傾向はある。
4）鈴木康之（2011）などの唱える日本語の連語論は、名詞・動詞・形容詞を核とする3類の連語である。
5）一般に中国語では“抽烟喝酒”というが、日本語では［酒を飲みタバコを吸う］という。これらの言語表現には、中日両言語の習慣の違いが出ている。“生活和事业”と［仕事も生活も］の語順の違いも、これに該当する。
6）高橋弥守彦（2017：38～54）には中国語の「対の文化」がなぜ発達したのかと、その種類が詳述されている。
7）横川伸（2011：13）は、共同声明で［日本側は、過去において日本が戦争を通じて中国人民に重大な損害を与えたことについての責任を感じ，深く反省する］と述べ、［重大な損害を与えた］の中国語訳は“造成的重大损害”と表現している、と述べている。また横川は［この文言は当初国内で考えていたぎりぎりの線を越えたものであろう。いうまでもなく、「多大のご迷惑」は軽かったのである。］とも述べている。
8）横川伸（2011：5～11）は外務省や民間および新聞記事など多くの資料を使い、田中首相の発言した［多大なご迷惑］の翻訳は、田中首相の真意を伝えていなく、翻訳に問題があるとしている。

9）横川伸（2011：428 ～ 432）によれば、横川は現在の中国遼寧省大連市に生まれ、“三好学生”になるなど、小学から大学まで優秀な成績であった。大学は四川大学、専攻は中国言語文学部の中の漢民族言語文学、言語クラスとある。中国語と日本語とのバイリンガルと言っても過言ではないだろう。

10）松村達夫（1978：38）は英語と日本語との関係についても、中日両言語との関係と異なるものの、その傾向があると次のように報告している。「分析的に一語一語の単語を理解し、一つ一つのフレーズを正確に把握して、どこまでも当て推量で原文をごまかしてはならない。だが、いざ翻訳を試みるとなると、「分析的」から大きく「総合的」に飛躍しなければならぬ。そうしない限り、誤訳と称してもよいような拙訳が生まれるばかりである。」

II

例文編

高橋弥守彦

中文和訳の「高橋塾」で出した課題文の中から3編を選び、それぞれの課題文・訳文とQ&A・添削分・講評・参考訳文を掲載し、最後に課題文の全文とその参考訳文をまとめています。

課題文

一枚硬币（一枚の硬貨）

原文と注

那年七月，我以五分之差，从通往大学的独木桥上栽落下来(注1)。

我心灰意疏(注2)，收拾了笔墨纸砚(注3)，打算与十年寒窗(注4)告别。

娘说：“再试一年吧。”回忆起千军万马(注5)争过独木桥的情景，我不禁一阵颤栗。我说我不试了。

娘又说：“你今年失败的原因是英语差，初中基础没有打好，鼓足勇气从头学习，明年会考好的。”

望着娘充满希冀的目光，我不敢再强硬，只得接过娘递来的一叠浸透着汗渍的纸钞，又回到县高宽敞明亮的教室里复读(注6)。

（注1）“从通往大学的独木桥上栽落下来”は比喩表現です。この試験は国で統一して実施する大学入試なので、［大学に通じる丸木橋を滑り落ちてしまった］と訳すのがいいでしょう。“从通往大学的独木桥上”は丸木橋を通過点ととるので［大学に通じる丸木橋を］と訳すのがいいでしょう。“从”を起点ととれば［大学に通じる丸木橋から］と訳します。

（注2）“心灰意疏”は［気落ちしてやる気をなくす］の意味。よく“心灰意懒”“心灰意冷”“意懒心灰”などと言います。

（注3）“笔墨纸砚”は実質視点からの表現なので具体的になっています。日本語は話題視点からの表現になりますので、それらをまとめて［勉強道具］と訳すのがいいでしょう。

（注4）“十年寒窗”も実質視点からの表現です。日本語は［長く厳しい学校生活］と話題視点から訳すのがいいでしょう。

（注5）“千军万马”は比喩で表す誇張表現なので、日本語は写実表現で［たくさんの受験生］と訳すのがいいでしょう。

（注6）“复读”は［学びなおす、勉強しなおす：一度卒業した学生が上の学校に進学できない場合に、もとの高等学校で学びなおす］の意味です。

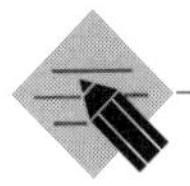

【訳文とQ&A】

その年の7月、私は5点足りず、大学へと続く丸木橋から転げ落ちた。(Q&A1)

意気消沈して、勉強道具を片付け、10年に及ぶ苦学の日々に終止符を打とうと考えた。(Q&A2)

母は「もう一年やってみたら」と言った。何千何万の人が丸木橋を渡ろうと競い合う光景を思い出し、思わず身震いした。あきらめると私は言った。

母はまた、「今年失敗したのは英語ができなかったから。中学の基礎がしっかりしていなかったから。思い切って一から勉強し直したら、来年はきっとうまくいくよ」と言った。

母の懇願に満ちたまなざしを見ると、それ以上は強く出られなかった。母が寄越した苦労して工面した紙幣を手に県に戻り、(Q&A3)広く明るい教室で受験勉強に励むしかなかった。(Q&A4)

（Q&A1）“从通往大学的独木桥上栽落下来”は（注1）を参考にしてください。

（Q&A2）“打算与十年寒窗告别”は（注4）を参考にしてください。“十年”の訳には工夫が必要です。［長くつらい学校生活と別れを告げるつもりであった］と訳すのがいいでしょう。

（Q&A3）“只得接过娘递来的一叠浸透着汗渍的纸钞”は［やむなく母が渡してくれた汗の染みた札束を受け取り］と訳すのがいいでしょう。この連語は限定語が長いのですが、基本は“接过纸钞”であり、外的限定語“娘递来的”が前、“纸钞”を規定しているひとまとまり性のある内的限定語“一叠浸透着汗渍的”が後となります。

（Q&A4）“又回到县高宽敞明亮的教室里复读”は［県立高校の広々として明るい教室に戻って、勉強をやりなおすことにした］と訳すのがいいでしょう。限定語が二つある“宽敞明亮的教室里”の語順は、形状“宽敞”を見て、評価“明亮”を下すので、“宽敞明亮”となります。

【添削文】

その年の7月、僕は5点足りず、大学へと続く丸木橋から転げ落ちた。

意気消沈した僕は、勉強道具を片付け、長年のつらい学校生活に終止符を打とうと考えた。

母は「もう一年やってみたら」と励ましてくれた。たくさんの受験生が丸木橋を渡ろうと競い合う光景を思い出し、思わず身震いした。入試はやめるよ、と返事をした。

母はまた、「今年失敗したのは英語ができなかったからさ。中学の基礎がしっかりしていなかったからだろう。思い切って一から勉強し直したら、来年はきっとうまくいくよ」と背中を押してくれた。

母の期待に満ちたまなざしを見ると、それ以上は強く出られなかった。やむなく母が渡してくれた汗の染みた札束を手に県立高校へ戻り、広くて明るい教室で勉強をやり直すことにした。

【講評（88点）】

全体的には受験勉強の背景をよく捉え、うまく訳せています。しかし、中国独特の実質視点の表現をどのように訳すかについては文化や制度をよく調べ、話題視点で訳すともっとよくなるでしょう。たとえば、“十年寒窗”は日本では高校までの学校生活は12年間になりますから、中日両国の表現上のちがいは、両言語に矛盾が出ないように、それぞれの国柄にあった表現にするほうがよくなるでしょう。

【参考訳文】

その年の7月、5点足りなくて、大学に通じる丸木橋を滑り落ちてしまった。

がっかりして何もする気になれない僕は、勉強道具を片付け、長年のつらい学校生活に別れを告げるつもりだった。

「もう1年頑張ってみたら。」と母が励ましてくれる。丸木橋をわれ先に争って渡るたくさんの受験生の光景が思い浮かぶと、思わず身震いがした。もう入試をやめるよ、と僕は答えた。

「今年失敗したのは英語ができなかったからだろう、中学の基礎がしっかりしていなかったからさ。勇気を奮って初めから勉強すれば、来年は合格するさ。」と母がまた励ましてくれる。

期待に満ちた母の眼差しを見ると、これ以上強く言い張ることはできない。やむなく母が渡してくれた汗の染みた札束を受け取り、県立高校の広々として明るい教室に戻って、勉強をやりなおすことにした。

課題文

一枚硬币（一枚の硬貨）

原文と注

弟骑着一辆旧自行车（注1），驮着两袋黄灿灿的小麦（注1），给我送到学校面粉厂。每当我口中咀嚼着白暄香甜的馒头（注2），却分明看见爹娘和弟妹吞咽玉米锅巴红薯块的情景。于是馒头变为鱼刺，哽在我的喉间。家乡的土地是黄沙土，长庄稼不旺，产量低，我家人口又多，五月打下的小麦年年吃不过腊月，为了补偿肚子，娘喂猪养鸡，攒钱让爹籴来玉米，加上一窑红薯，填充断麦的日子。玉米锅巴焦黄焦黄，煞是悦目，但不中吃，粗糙难咽，而蒸红薯煮红薯闻着喷香，吃多了却胃酸恶心。我知道（注3），一家人是从牙缝里省下来小麦（注4），供应我读书的（注5）。

（注1）名詞を核とする連語"一辆旧自行车"は"一辆自行车"と"旧自行车"、"两袋黄灿灿的小麦"は"两袋小麦"と"黄灿灿的小麦"です。ともに、前者は「関係的なむすびつき」（体言と体言との関係）、後者は「規定的なむすびつき」（用言と体言との関係）です。関係的なむすびつきは、体言と体言との関係を説明するだけですが、規定的なむすびつきは、用言によって体言を規定するので、用言は体言の直前に置かれます。

（注2）“白暄香甜的馒头”は二つの形容詞“白暄、香甜”が限定語になり、名詞“馒头”を規定しています。二つの形容詞が並列する場合はモノと関係のある形や色“白暄”［白くてふかふかしている］などが先に用いられ、それを見て評価“香甜”［よいにおいがして／甘くておいしい］が出されます。語順は「モノの形状や色彩＋モノの評価＋“的”＋モノ」です。

（注3）“我知道”は訳すと意志がかなり強く出てくることになりますので、一般には減訳にします。

（注4）“从牙缝里省下来小麦”は［歯の隙間から小麦を残す］の意味ですが、歯のすき間にはごくわずかのものしかありませんので、［節約に節約を重ねて／我慢に我慢をして／爪に火をともすような生活をして小麦を残す］などの意味になります。

（注5）“供应我读书的”は［私の勉強の方に回してくれているのだ］の意味ですが、ここでは言語環境から、［食費にまわしてくれている］と訳すのがいいでしょう。

【訳文とQ&A】

弟は古い自転車に、２袋の黄金色に輝く上等の小麦を積んで、僕のために学校の麺工場まで届けてくれる。[Q&A1] いつも僕が食べているのは、ふわふわの真っ白で、いい匂いのする万頭。それにひきかえ、父や母、弟や妹たちは、玉蜀黍のお焦げと乱切りのさつま芋を口にしている風景だ。[Q&A2]

だから、もし万頭が魚の小骨になったら[Q&A3]、僕ののどに突き刺さるだろう。故郷の土地は黄砂に覆われ作物の生育が悪く、多くの収穫は望めない。その上、我が家は、大家族なので[Q&A4]5

月に収穫した小麦は毎年12月まで食いつなぐことができない。母は、家族の空腹を満たすために、豚を飼い、鶏を育て、その金で父は玉蜀黍を買い、さつま芋の窯に加え(Q&A5)、麦のない日々をしのぐ。玉蜀黍のおこげは黄色く、すこぶるきれいである。しかし、食べられたものではない。ぼそぼそしていて喉を通らない。また蒸した、熱々のさつま芋も食べすぎると、胸やけする。

僕は知っている。家族全員が切り詰めた小麦が、僕の学費になっていることを(Q&A6)。

(Q&A1) 介詞"给"は［〜のために］の意味なので、"给我送到学校面粉厂"は［学校の製粉所まで運んでくれた］と訳すのがいいでしょう。

(Q&A2) "分明看见爹娘和弟妹吞咽玉米锅巴红薯块的情景"は［両親と弟や妹がトウモロコシのおこげやサツマイモを飲み込んでいる様子がはっきりと目の前に浮かぶ］と訳すのがいいでしょう。

(Q&A3) "馒头变为鱼刺"は［マントウは魚の骨となり］と訳すのがいいでしょう。

(Q&A4) 5人家族なので、日本的に言えば大家族とは言い難いですが、これは一人っ子政策の時代の家族であることが背景にあります。

(Q&A5) "加上一窑红薯"は［サツマイモを一室（ムロ）加えて］と訳すのがいいでしょう。

(Q&A6) "我知道一家人是从牙缝里省下来小麦，供应我读书的"は［こうして、家族が生活を切り詰めて残した小麦を僕の学費にまわしてくれているのだ］と訳すのがいいでしょう。

【添削文】

弟はオンボロ自転車に二袋の黄金色に輝く上等の小麦を積んで、学校の製粉場まで届けてくれる。真っ白でいい匂いのするマントウを食べるたびに、両親と弟や妹たちは、玉蜀黍のお焦げとさつま芋を口にしている光景がはっきりと目の前に浮かぶ。マントウが魚の小骨になり、のどに突き刺さる。故郷は黄土で作物の生育が悪く、多くの収穫は望めない。その上、我が家は大家族なので、5月に収穫した小麦を毎年12月まで食いつなぐことができない。母は、食糧不足を補うために、豚を飼い、鶏を育て、それを売った金で父が玉蜀黍を買い、さつま芋を一室加え、麦のない日々をしのぐ。玉蜀黍のおこげはすこぶるきれいだが、食べられたものではない。ぼそぼそしていて喉を通らない。また蒸したり煮たりしたさつま芋も食べすぎると、胸がやける。家族全員で切り詰めた小麦が、僕の学費になっているのだ。

【講評（85点）】

何カ所か原文の段落を変えて訳してあるところがあるので、原文の段落は変えずに訳しましょう。全体的には場面をよく捉え、大変よく訳せています。しかし、まだ実質視点“白暄香甜的馒头”“吃多了却胃酸恶心”と話題視点の問題が若干残っています。これに関する訳はある程度経験を積めば、問題がなくなってくるでしょう。また前後関係の言語環境“馒头变为鱼刺,哽在我的喉间”“供应我读书的”によっても表現を変えなければならないところもあります。慣用的な表現“黄灿灿的小麦”“胃酸恶心”の訳にも気をつけましょう。

【参考訳文】

弟がオンボロ自転車に乗って、粒よりの小麦を２袋荷台に載せ、学校の製粉所まで運んでくれた。真っ白でほのかに甘いマントウを口にするたびに、両親と弟や妹が焼きトウモロコシやサツマイモを食べる光景が目の前に浮かぶ。すると、マントウが魚の骨になり、喉に突き刺さる。田舎は黄土で、作物は育ちがわるく量がとれない。その上、我が家は人が多いので、５月に刈り取った小麦は毎年12月まで持たない。食糧不足を補うため、母は豚やニワトリを飼って、お金をこつこつと貯める。そのお金で父にトウモロコシを買ってもらい、サツマイモを一室(むろ)加えて、麦のなくなった暮らしにあてる。焼きトウモロコシのお焦げは、見た目はよいが、食べるとパサパサして喉を通らない。そして蒸かしたり茹でたりしたサツマイモは、匂いはいいが、食べ過ぎると胸が焼ける。こうして、家族が生活を切り詰めて残した小麦を僕の学費にまわしてくれているのだ。

課題文

一枚硬币（一枚の硬貨）

原文と注

坐在教室里，我神情恍惚，眼前老是晃动着娘憔悴的身影。娘锄地间苗，娘刷锅做饭，她缝衣补被，娘破冰浣洗(注1)……。娘啊！你太苦了，过度的劳累让你一个四十多岁的女人变成仿佛六十老妪(注2)。爹当村干部，整日东奔西跑(注3)为公家忙碌得顾及不了家庭，弟妹又小，一家的重担都搁在娘肩上。爹曾心疼娘要辞去村干部，娘却不愿。我多想丢下课本，回家扶娘一把。可我不敢，我怕娘伤心，在平添几缕白发。

上学期结束，我的成绩在全班(注4)排列二十八名，还不及一些新生(注5)。

看来今年的高考又将付之流水了。

寒假回到家中，我对娘说我不读书了。

娘这次没说什么，她只是默默地忙碌手中的活儿。

（注1）“娘锄地间苗，娘刷锅做饭，她缝衣补被，娘破冰浣洗”は実質視点からの表現［母は畑を耕し苗を間引き、母は釜を洗い飯をつくり、母は服を縫い布団を繕い、母は氷を割って洗濯をする］なので、日本語では話題視点［母は野良仕事、

炊事、裁縫、洗濯］で訳す方がいいでしょう。ここは各分文の前に“娘”を用いリズミカルな表現にして、“娘”の仕事の大変さを上手に表現しています。

（注2）“过度的劳累让你一个四十多岁的女人变成仿佛六十老妪”は［疲れで四十歳過ぎの母は六十の老婆のようだ］と訳すのがいいでしょう。主語をコト名詞からヒト名詞に換えるのが日本語らしくなるポイントです。

（注3）“东奔西跑”は［東奔西走］、“左眼跳福，右眼跳福”“上有天堂，下有苏杭”“前怕浪后怕虎”の語順です。“左顧右盼”は日本語では〔左顧右眄〕もありますが、〔右顧左眄〕などの表現もあります。多分日本語では後者の方が多いでしょう。このような表現には気をつけるほうがいいでしょう。

（注4）“全班”は〔クラス全体〕の意味で〔全クラス〕の意味ではありません。

（注5）“新生”は〔新入生、編入製、進級生〕などの意味があります。ここでは〔新しく進級してきた生徒、普通の3年生〕の意味です。

【訳文とQ&A】

教室にいると、気がぼっとしてくる。(Q&A1) そして、せっせと働くおふくろの面影がいつも目に浮かぶ。畑仕事に精を出し、食事をこしらえ、針仕事をして、冷たい水で洗濯をして(Q&A2)……。おふくろ！苦労をかけるなぁ。あまりの苦労で、40歳そこそこの女性には見えない。さながら60過ぎのばあさんのようだ。おやじは村の幹部。公務で一日中駆けずり回り、家庭をかまうこともできないほど忙しい。弟と妹はまだ小さく、一家の一切合切が(Q&A3)おふくろの肩に重くのしかかっている。おやじもおふくろが心配で、村の幹部を辞めると言いだしたことがあったが、おふくろはうんと言わなかった。自分も教科書を放り出して田舎へ戻り、おふくろの手伝いをしようと何度となく考えた。だが、結局は言い出せなかった。おふくろが悲しみ、白髪が増えるのが目に見えていたからだ。

前期が終わった。成績はクラスで28位。新学期生にも及ばない結果だった。今年の大学受験も報われそうにない(Q&A4)。

冬休みで家に帰り、おふくろに勉強を止めると言った。

おふくろは、今度は何も言わず、手を止めることなく仕事を続けていた。

(Q&A1) “我神情恍惚”は［頭がボーっとしてくる］と訳すのがいいでしょう。

(Q&A2) “娘锄地间苗，娘刷锅做饭，她缝衣补被，娘破冰浣洗”は（注1）を参考にしてください。

(Q&A3) “一家的重担都”は［一家のきつい仕事はすべて］と訳すのがいいでしょう。

(Q&A4) “看来今年的高考又将付之流水了”は［今年の大学統一入試はまた駄目だろう］と訳すのがいいでしょう。

【添削文】

教室にいると、頭がボーっとしてくる。そして、やつれたおふくろの面影がいつも目に浮かぶ。母は畑仕事、炊事、裁縫、氷を割っての洗濯……。おふくろ！苦労をかけるなぁ。あまりの苦労で、40歳あまりの女性には見えず60過ぎの老婆のようだ。おやじは村の幹部。公務で一日中駆けずり回り、家庭をかまうこともできない。そのうえ、弟と妹はまだ小さく、一家のきつい仕事はおふくろの肩に重くのしかかっている。お袋を心配する親父は村の幹部を辞めると一度言ったが、お袋はうんと言わなかった。自分も教科書を放り出して田舎へ戻り、お袋の手伝いをしようと何度となく考えた。だが、それはできなかった。お袋が悲しみ、白髪が増えるのが目に見えていたからだ。

前期が終わった。成績はクラスで28位。新しく進級してきた3年生にも及ばない。今年の大学統一入試も駄目だろう。

冬休みで家に帰り、おふくろに勉強を止めると話した。

お袋は、今度は何も言わず、手を止めることなく仕事を続けていた。

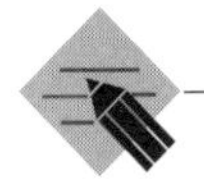

【講評(88点)】

全体の流れをよく捉え、うまく訳していますが、実質視点“娘锄地间苗, 娘刷锅做饭, 她缝衣补被, 娘破冰浣洗”をそのまま訳すとだらだらと長くなってくるので、話題視点で訳す方がよいでしょう。単語“新生”の訳し方にも注意をしたほうがよいでしょう。なお、日本語は各段落のはじめを一字開けにしたほうがいいでしょう。

【参考訳文】

教室に座っていると、頭がボーッとして、目の前にいつも母のやつれた姿が浮かぶ。母は野良仕事、炊事、裁縫、洗濯……何でもやる。お袋、家族のためにありがとう。母は40歳過ぎの働き盛りなのに、疲れで60の老婆のようだ。父は村の幹部で、一日中公務で駆けずり回り家庭のことまでみていられない。それに弟や妹は小さいので、一家のきつい仕事はすべて母の肩にかかってくる。母を思う父は一度村の幹部を辞めようとしたが、母がそれを望まなかった。僕はどれだけ勉強をやめ、家に帰り母を助けようと思ったことか。しかし、それはできなかった。母が心を痛め白髪が増えることになる、と思ったからだ。

前期が終わり、成績はクラスで28番、新しく進級してきた3年生にもかなわない。今年の大学統一入試はまただめだろう。

冬休みに帰省すると、母に入試は諦めるよ、と話した。

母は何も言わず、黙って手仕事に励んでいるだけだった。

課題文

一枚硬币 （一枚の硬貨）

原文と注

除夕，按家乡的习俗，我们一家人围坐一起包饺子。娘把一枚洗刷明亮的五分硬币递给我，说：“民，你把它包进饺子里，看明早谁有福气吃到它。”对于这千百年来流传下来的做法(注1)我不以为然，但我还是照娘的话做了。大年初一，娘把一碗热气腾腾的饺子端到我们面前(注2)。我急不可待地拿起筷子夹住一个饺子送进口中。“咯嘣”，我咬着一样硬物，吐出来，竟是昨夜我包进饺子里的那枚硬币。娘看见了，爹和弟妹也看见了。娘笑嘻嘻地说：“看来今年民是有福人了。民今年考大学，一定会高中榜首(注3)。”爹和弟妹也随声附和，说我一定能考上大学。我脸红红的，心里鼓胀着一股躁动。

开学了，没等娘催促，我便踏上去学校的大路(注4)。

(注1) “对于这千百年来流传下来的做法”は具体的な数字を出すデフォルメ（誇張）表現ですので、リアリスティック（写実表現）［昔から伝わってきたこのやり方に対して］で訳す方がいいでしょう。

(注2) “把一碗热气腾腾的饺子端到我们面前”は［湯気の出ている／熱々のギョウザを私たちの前に置いた］と訳すのがいい

でしょう。一般に数量詞"一碗"は減訳にします。

（注3）"高中榜首"は［高校で一番だ］と訳すのがいいでしょう。"榜首"は各種試験で一番を取った人、または入学試験で首席の合格者を言います。

（注4）"我便踏上去学校的大路"の構造は、やや複雑ですが、"我＋便＋踏上「去学校的」大路"は［学校に向かった］と訳すのがいいでしょう。"踏上大路"の"大路"の前に限定語となる"去学校的"があります。

【訳文とQ&A】

旧暦の大晦日は、地元の習慣に従い家族全員で餃子を作った。母はきれいに洗った5分硬貨を私に渡して言った。「ミン、これを餃子の中に入れてくれるかしら(Q&A1)。明日の朝に誰が運よく当たるのか見ましょう」この長年にわたって続いているやり方に納得はしてなかったが、私は母の言うとおりにした。旧暦の1月1日、母は熱々の餃子が入ったお椀を私の目の前に持ってきた(Q&A2)。私は急いで箸で餃子を挟み口に運んだ。「ガリッ」私は何か硬いものを噛んだので吐き出すと、それはなんと昨晩自分が餃子の中に入れた硬貨であった。母が見ていた。父も弟も妹も見ていた。母は嬉しそうに言った。「どうやらお前が今年の当たりのようね(Q&A3)。今年、大学を受験したらきっとトップよ(Q&A4)」父たちも口々に、きっと大学に合格できると言った。私は顔を赤らめたが、心の中はわくわくした気持ちではちきれそうだった。学校が始まると、私は母に促される前に学校へ向かった。

(Q&A1) "你把它包进饺子里"は［これをギョウザの中へ入れとくれ］と訳すのがいいでしょう。

(Q&A2) "端到我们面前"は［私たちの目の前に置いた］と訳すのがいいでしょう。

(Q&A3) "看来今年民是有福人了"は［今年は民が年男のようだね］と訳すのがいいでしょう。

(Q&A4) "高中榜首"は（注3）を参考にしてください。

【添削文】

旧暦の大晦日は、地元の習慣どおり家族全員で餃子を作った。母はきれいに洗った５分硬貨を僕に渡して言った。「ミン、これを餃子の中に入れておくれ。明日の朝、誰が食べられるか、運を見てみよう」この長年にわたって続いているやり方に納得はしてなかったが、僕は母の言うとおりにした。元旦の朝、母は熱々の餃子が入ったお椀をみんなの目の前に持ってきた。僕は急いで箸で餃子を挟み口に運んだ。「ガリッ」僕は何か硬いものを噛んだので吐き出すと、それはなんと昨晩自分が餃子の中に入れた硬貨であった。母が見ていた。ほかの家族も見ていた。母は嬉しそうに言った。「どうやらお前が今年の年男のようだね。今年、大学を受験したらきっと高校でトップよ」みんなも口々に、きっと大学に合格できると言った。僕は恥ずかしくて顔を赤らめたが、心の中はわくわくした気持ちではちきれそうだった。

学校が始まるころになると、僕は母に促される前に学校へ向かった。

【講評（88点）】

中国北方の社会風習をよく理解し、全体的には大変うまく訳されていますが、部分的には一部さらに推敲の必要な箇所“你把它包进饺子里”“看明早谁有福气吃到它”“大年初一”“高中榜首”などがあります。

【参考訳文】

大晦日、田舎の習慣で、一家全員で机を囲んでギョウザを作った。母はピカピカに磨いた五分硬貨を僕に渡し、「民、これをギョウザの中に入れとくれ、明日の朝、誰がこのギョウザを食べる福があるのか見てみよう。」と言う。昔から伝わってきたこの方法を正しいとは思えなかったが、やはり母の言う通りにした。元旦の朝、母は湯気のたっているギョウザをみんなの前に置いた。僕は待ちきれず箸に餃子を一つ挟むと口のなかに放りこんだ。「ガチッ」何か硬い物を咬んだので吐き出すと、昨晩ギョウザの中に入れたあの硬貨だ。母がそれを目にし、ほかの家族も目にした。母は大喜びで「民が今年の年男だ。大学を受ければ、きっと高校で一番じゃ。」と言う。父や弟妹もそうだそうだと囃し立て、必ず僕が大学に受かる、と声を合わせる。それを聞くと嬉しくなり、まんざらウソでもないような気がした。

学校が始まるころになると、母にせっつかされる前に、僕は勇んで学校へ向かった。

課題文

一枚硬币（一枚の硬貨）

原文と注

秋天，一纸大学录取通知书[注1]飞进我们这个农家小院[注2]，娘多年来灰暗的脸上绽开春阳般灿烂的笑意。

接下来我上大学干工作，娶妻生子，生活和事业一帆风顺[注3]。这期间我家也发生了很大的变化，爹虽说还当着村干部，但弟妹已经长大，能替娘分担许多家务，日子日渐富裕起来[注4]。

又是一年除夕，一家人又像往年一样围坐一块儿包饺子。我睹物思情[注5]，对娘说，要不是那年的一枚硬币，我恐怕难有今日。

娘听罢哈哈大笑，说："硬币哪里能代表有福没福呀[注6]，那年捞饺子时，我手指蘸着凉水，一个一个地捏着饺子，找到包着硬币的，放进了你的碗里。"

我忽然眼睛里潮湿起来，赶忙扭过头去。

（注1）"一纸大学录取通知书"は［(一枚の）大学合格通知表］と訳すのがいいでしょう。"纸"は名詞ですが、構造の中で名詞"盆"が量詞"一盆梅花"「(一鉢の）梅の花］の機能を果たしている場合です。

（注2）"飞进我们这个农家小院"は擬人法です。中国語は日本語に

比べると、擬人法などの比喩がはるかに発達しています。［農家（の庭）に舞い込んだ］と訳すのがいいでしょう。

（注3）“接下来我上大学干工作，娶妻生子，生活和事业一帆风顺”は［そのあと、大学に入り就職をし、結婚をして子どもができ、仕事も生活もすべて順調にいった］や［そのあと、入学、就職、結婚、出産と、仕事も生活もすべて順調にいった］と訳すのがいいでしょう。“生活和事业一帆风顺”は語順に注意して［仕事も生活も順調にいった］と訳すのがいいでしょう。“抽烟喝酒”も［酒を飲んだりタバコを吸ったり］と訳すのが一般的です。

（注4）“富裕起来”は［豊かになってきた］と訳すのがいいでしょう。中国語は一般には運動の行われる順序「有様移動の動詞＋位置移動の動詞＋趨向移動の動詞」“走进来”［(歩いて）入ってくる］で単語をならべますが、有様を表す単語が移動を表していない場合（有様動詞“坐下来”、有様形容詞“紧张起来”）は、有様により結果を表す単語が用いられます。

（注5）“睹物思情”は［物を見ると、そのときの気持ちが浮かんでくる／湧いてくる］と訳すのがいいでしょう。

（注6）“硬币哪里能代表有福没福呀”は反語文で、［福があるかないかを硬貨が表せるわけがない］と訳すのがいいでしょう。

【訳文とQ&A】

秋、大学合格通知書が我が家に飛び込んできて、母の長年暗かった顔から笑顔がはじけた。

その後、私は大学に入り、仕事をするようになり、妻を迎え子供が生まれ、生活も仕事も順風満帆であった(Q&A1)。このかん、我が家にも大きな変化があった。父は相変わらず村の幹部をやっていたが、弟妹はすでに成長し、母に替わって家事を分担しており、暮らしはだんだん良くなっていた。

ある年の大晦日、家族はまた以前のようにテーブルを囲んでみんなで餃子を作った。私は昔のことを思い出して、母に、もしあのときの硬貨がなければ、今の自分はなかったかもしれない、といった。

母は聞き終わると大声で笑って、「硬貨が福の有り無しなんか教えてくれるもんか(Q&A2)。餃子をすくうときに、指先に水をつけて、ひとつずつ餃子をつまみ、硬貨の入っているのを見つけて、お前のお碗にいれたのさ。」

私は急に眼がうるんできて、咄嗟に頭をねじって顔を隠したのだった(Q&A3)。

(Q&A1) "生活和事业一帆风顺"は(注3)を参考にしてください。

(Q&A2) "硬币哪里能代表有福没福呀"は[硬貨に運の良し悪しなんかあるもんか/ラッキーもアンラッキーもないさ]と訳すのがいいでしょう。

(Q&A3) "我忽然眼睛里潮湿起来，赶忙扭过头去"は[ふいに目頭が潤んできたので、母から目をそらした]と訳すのがいいでしょう。

【添削文】

秋、大学合格通知書が我が家に飛び込んできて、母の長年暗かった顔から笑顔がはじけた。

その後、大学に入り、仕事をするようになり、妻を迎え子供が生まれ、仕事も生活も順風満帆であった。このかん、我が家にも大きな変化があった。父は相変わらず村の幹部をやっていたが、弟や妹はすでに成長し、母に替わって家事を分担しており、暮らしはだんだん良くなってきていた。

ある年の大晦日、またいつもの年のようにテーブルを囲んでみんなで餃子を作った。僕は昔のことを思い出して、母に、もしあのとき硬貨が当たらなければ、今の自分はなかったかもしれない、といった。

母は聞き終わると大声で笑って、「硬貨で福の有無なんか分かるもんか。餃子をすくうとき、指先に水をつけて、ひとつずつ餃子をつまみ、硬貨の入っているのを見つけて、お前のお碗にいれたのさ。」

急に眼がうるんできて、咄嗟に顔をねじって目をそむけた。

【講評（91点）】

中国の社会と習慣をよく理解し、大変よく訳せています。一部に翻訳上のテクニック“我上大学干工作，娶妻生子，生活和事业一帆风顺”とさらに推敲を重ねた方がよいところ“像往年一样围坐”“忽然眼睛里潮湿起来，赶忙扭过头去”があります。

【参考訳文】

秋のある日、大学合格通知表が農家の我が家の庭先に舞い込んだ。長年暗かった母の顔から春の日差しのような輝くばかりの笑顔がこぼれた。

そのあと、僕は大学、就職、結婚、出産と、仕事も生活もすべて順調にいった。この間、我が家にも大きな変化があった。父はやはり村の幹部だったが、弟と妹は成長し、母に代わって家事仕事ができるようになり、暮らしは徐々によくなってきていた。

また大晦日がやってきた。家族全員そろって、いつもの年のようにテーブルを囲んで一緒にギョウザを作った。ギョウザを作っていると、あのときのことが思い出され、母に「もしもあの年、硬貨に当たらなかったら、今日の僕はなかったね。」と聞いた。

母はそれを聞くと大笑いし、「福があるかないか、硬貨なんぞで分かるもんか。あれは縁かつぎじゃ。ギョウザを取るとき、冷たい水で手をぬらし、一つひとつ摘み、硬貨の入っているギョウザを探し出し、民のお椀に入れたんじゃ。」と打ち明けてくれた。

ふいに目頭が熱くなり、母から目をそらした。

一枚硬币（一枚の硬貨）

【原文と起承転結】

那年七月，我以五分之差，从通往大学的独木桥上栽落下来。

我心灰意疏，收拾了笔墨纸砚，打算与十年寒窗告别。

娘说：“再试一年吧。”回忆起千军万马争过独木桥的情景，我不禁一阵颤栗。我说我不试了。

娘又说：“你今年失败的原因是英语差，初中基础没有打好，鼓足勇气从头学习，明年会考好的。”

望着娘充满希冀的目光，我不敢再强硬，只得接过娘递来的一叠浸透着汗渍的纸钞，又回到县高宽敞明亮的教室里复读。

弟骑着一辆旧自行车，驮着两袋黄灿灿的小麦，给我送到学校面粉厂。每当我口中咀嚼着白暄香甜的馒头，却分明看见爹娘和弟妹吞咽玉米锅巴红薯块的情景。于是馒头变为鱼刺，哽在我的喉间。家乡的土地是黄沙土，长庄稼不旺，产量低，我家人口又多，五月打下的小麦年年吃不过腊月，为了补偿肚子，娘喂猪养鸡，攒钱让爹籴来玉米，加上一窖红薯，填充断麦的日子。玉米锅巴焦黄焦黄，煞是悦目，但不中吃，粗糙难咽，而蒸红薯煮红薯闻着喷香，吃多了却胃酸恶心。我知道，一家人是从牙缝里省下来小麦，供应我读书的。

坐在教室里，我神情恍惚，眼前老是晃动着娘憔悴的身影。娘锄地间苗，娘刷锅做饭，她缝衣补被，娘破冰浣洗……。娘啊！你太苦了，过度的劳累让你一个四十多岁的女人变成仿佛六十老妪。爹当村干部，整日东奔西跑为公家忙碌得顾及不了家庭，弟妹又小，一家的重担都搁在娘肩上。爹曾心疼娘要辞去村干部，娘却不愿。我多想丢下课本，回家扶娘一把。可我不敢，我怕娘伤心，在平添几缕白发。

上学期结束，我的成绩在全班排列二十八名，还不及一些新生。看来今年的高考又将付之流水了。

寒假回到家中，我对娘说我不读书了。

娘这次没说什么，她只是默默地忙碌手中的活儿。

除夕，按家乡的习俗，我们一家人围坐一起包饺子。娘把一枚洗刷明亮的五分硬币递给我，说:“民，你把它包进饺子里，看明早谁有福气吃到它。”对于这千百年来流传下来的做法我不以为然，但我还是照娘的话做了。大年初一，娘把一碗热气腾腾的饺子端到我们面前。我急不可待地拿起筷子夹住一个饺子送进口中。“咯嘣”，我咬着一样硬物，吐出来，竟是昨夜我包进饺子里的那枚硬币。娘看见了，爹和弟妹也看见了。娘笑嘻嘻地说：“看来今年民是有福人了。民今年考大学，一定会高中榜首。”爹和弟妹也随声附和，说我一定能考上大学。我脸红红的，心里鼓胀着一股躁动。

开学了，没等娘催促，我便踏上去学校的大路。

秋天，一纸大学录取通知书飞进我们这个农家小院，娘多年来灰暗的脸上绽开春阳般灿烂的笑意。

接下来我上大学干工作，娶妻生子，生活和事业一帆风顺。这期间我家也发生了很大的变化，爹虽说还当着村干部，但弟妹已经长大，能替娘分担许多家务，日子日渐富裕起来。

又是一年除夕，一家人又像往年一样围坐一块儿包饺子。我睹物思情，对娘说，要不是那年的一枚硬币，我恐怕难有今日。

娘听罢哈哈大笑，说："硬币哪里能代表有福没福呀，那年捞饺子时，我手指蘸着凉水，一个一个地捏着饺子，找到包着硬币的，放进了你的碗里。"

我忽然眼睛里潮湿起来，赶忙扭过头去。

起（書き出し）

那年七月，我以五分之差，从通往大学的独木桥上栽落下来。

承（「起」を受けての展開）

我心灰意疏，收拾了笔墨纸砚，打算与十年寒窗告别。

娘说："再试一年吧。"回忆起千军万马争过独木桥的情景，我不禁一阵颤栗。我说我不试了。

娘又说："你今年失败的原因是英语差，初中基础没有打好，鼓足勇气从头学习，明年会考好的。"

望着娘充满希冀的目光，我不敢再强硬，只得接过娘递来的一叠浸透着汗渍的纸钞，又回到县高宽敞明亮的教室里复读。

弟骑着一辆旧自行车，驮着两袋黄灿灿的小麦，给我送到学校面粉厂。每当我口中咀嚼着白暄香甜的馒头，却分明看见爹娘和弟妹吞咽玉米锅巴红薯块的情景。于是馒头变为鱼刺，哽在我的喉间。家乡的土地是黄沙土，长庄稼不旺，产量低，我家人口又多，五月打下的小麦年年吃不过腊月，为了补偿肚子，娘喂猪养鸡，攒钱让爹籴来玉米，加上一窑红薯，填充断麦的日子。玉米锅巴焦黄焦黄，煞是悦目，但不中吃，粗糙难咽，而蒸红薯煮红薯闻着喷香，吃多了却胃酸恶心。我知道，一家人是从牙缝里省下来小麦，供应我读书的。

坐在教室里，我神情恍惚，眼前老是晃动着娘憔悴的身影。娘锄地间苗，娘刷锅做饭，她缝衣补被，娘破冰浣洗……。娘啊！你太苦了，过度的劳累让你一个四十多岁的女人变成仿佛六十老妪。爹当村干部，整日东奔西跑为公家忙碌得顾及不了家庭，弟妹又小，一家的重担都搁在娘肩上。爹曾心疼娘要辞去村干部，娘却不愿。我多想丢下课本，回家扶娘一把。可我不敢，我怕娘伤心，在平添几缕白发。

上学期结束，我的成绩在全班排列二十八名，还不及一些新生。看来今年的高考又将付之流水了。

寒假回到家中，我对娘说我不读书了。

娘这次没说什么，她只是默默地忙碌手中的活儿。

除夕，按家乡的习俗，我们一家人围坐一起包饺子。娘把一枚洗刷明亮的五分硬币递给我，说:“民，你把它包进饺子里，看明早谁有福气吃到它。”对于这千百年来流传下来的做法我不以为然，但我还是照娘的话做了。大年初一，娘把一碗热气腾腾的饺子端到我们面前。我急不可待地拿起筷子夹住一个饺子送进口中。“咯嘣”，我咬着一样硬物，吐出来，竟是昨夜我包进饺子里的那枚硬币。娘看见了，爹和弟妹也看见了。娘笑嘻嘻地说：“看来今年民是有福人了。民今年考大学，一定会高中榜首。”爹和弟妹也随声附和，说我一定能考上大学。我脸红红的，心里鼓胀着一股躁动。

开学了，没等娘催促，我便踏上去学校的大路。

転（話の内容が大きく変わる）

秋天，一纸大学录取通知书飞进我们这个农家小院，娘多年来灰暗的脸上绽开春阳般灿烂的笑意。

接下来我上大学干工作，娶妻生子，生活和事业一帆风顺。这期间我家也发生了很大的变化，爹虽说还当着村干部，但弟妹已经长大，能替娘分担许多家务，日子日渐富裕起来。

結（結論）

又是一年除夕，一家人又像往年一样围坐一块儿包饺子。我睹物思情，对娘说，要不是那年的一枚硬币，我恐怕难有今日。

娘听罢哈哈大笑，说："硬币哪里能代表有福没福呀，那年捞饺子时，我手指蘸着凉水，一个一个地捏着饺子，找到包着硬币的，放进了你的碗里。"

我忽然眼睛里潮湿起来，赶忙扭过头去。

【課題】

以下の4点について考えてください。時間があればメールで返事をください。

1. 母親の苦労を見かねて村の幹部を辞退しようとする父親の考えに母親はなぜ同意しないのでしょうか。
2. 子供が三人いるのに、なぜ長男だけにしか大学に行かせないのでしょうか。

3.母親はなぜギョウザの中に硬貨を入れるという古い習慣にこだわるのでしょうか。

4.大学合格通知書が来ると、母親はなぜ満面に笑みが浮かぶのでしょうか。

【参考訳文】

一枚の硬貨

その年の七月、五点足りなくて、大学に通じる丸木橋を滑り落ちてしまった。

がっかりして何もする気になれない僕は、勉強道具を片付け、長年のつらい学校生活に別れを告げるつもりだった。

「もう一年頑張ってみたら。」と母が励ましてくれる。たくさんの受験生が丸木橋をわれ先に争って渡る光景を思い浮かべると、思わず身震いがでる。もう入試をやめるよ、と返事をした。

「今年失敗したのは英語ができなかったからだろう、中学の基礎がしっかりしていなかったからさ。勇気を奮って初めから勉強すれば、来年は合格するさ。」と母がまた励ましてくれる。

期待に満ちた母の眼差しを見ると、これ以上強く言い張ることはできない。やむなく母が渡してくれた汗の染みた札束を受け取り、県立高校の広々として明るい教室に戻って、勉強をやりなおすことにした。

弟がオンボロ自転車に乗って、粒よりの小麦を二袋荷台に載せ、学校の製粉所まで運んでくれた。真っ白でほのかに甘いマントウを口にするたびに、両親と弟や妹が焼きトウモロコシやサツマイモを食べる光景が目の前に浮かぶ。すると、マントウが魚の骨になり、喉に突き刺さる。田舎は黄土で、作物は育ちがわるく量がとれない。その上、我が家は人が多いので、五月に刈り取った小麦は毎年12月まで持たない。足らない食糧を補うため、母は豚やニワトリを飼って、お金をこつこつと貯める。そのお金で父にトウモロコシを買ってもらい、サツマイモを一室（むろ）加えて、麦のなくなった暮らしにあてる。焼きトウモロコシのお焦げは、見た目はよいが、食べるとパサパサして喉を通らない。そして蒸かしたり茹でたりしたサツマイモは、匂いはいいが、食べ過ぎると胸が焼ける。こうして、家族が生活を切り詰めて残した小麦を僕の学費にまわしてくれているのだ。

教室に座っていると、頭がボーッとして、目の前にいつも母のやつれた姿が浮かぶ。母は野良仕事、炊事、裁縫、氷を割っての冬場の洗濯……何でもやる。お袋、苦労をかけて申し訳ないな。母は40歳過ぎの働き盛りなのに、疲れで60の老婆のようだ。父は村の幹部、一日中公務で駆けずり回り家庭のことまでみられない。それに弟や妹は小さいので、一家のきつい仕事はすべて母の肩にかかってくる。母を心配する父は一度村の幹部を辞めようとしたが、母がそれを望まなかった。僕はどれだけ勉強をやめ、家に帰り母を助けようと思ったことか。しかし、それはできなかった。母が心を痛め白髪が増えるだけだと、と思ったからだ。

前期が終わり、成績はクラスで28番、新しく進級してきた3年生にもかなわない。今年の大学統一入試はまただめだろう。

冬休みに帰省すると、母に入試は諦めるよ、と話した。

母は何も言わず、黙って手仕事に励んでいた。

大晦日、田舎の習慣で、一家全員でテーブルを囲みギョウザを作った。母はピカピカに磨いた五分硬貨を僕に渡し、「民、これをギョウザの中に入れとくれ、明日の朝、誰がこのギョウザを食べる運に恵まれるか見てみよう。」と言う。昔から伝わってきたこの方法を正しいとは思えなかったが、やはり母の言う通りにした。元日の朝、母は湯気のたっているギョウザをみんなの前に置いた。僕は待ちきれずに箸で餃子を一つ挟むと口のなかに放りこんだ。「ガチッ」と、何か硬い物を咬んだので吐き出すと、昨晩ギョウザの中に入れたあの硬貨だ。母がそれを目にした。ほかの家族も目にした。母は大喜びで「民は今年の年男じゃ。大学を受ければ、きっと高校で一番さ。」と言う。父や弟妹もそうだそうだと囃し立て、必ず僕が大学に受かる、と声を合わせる。それを聞くと嬉しくなり、やる気が出てきた。

学校が始まるころになると、母にせっつかされる前に、僕は勇んで学校へ向かった。

秋のある日、大学合格通知書が農家の我が家の庭先に舞い込んだ。長年暗かった母の顔から春の日差しのような輝くばかりの笑顔がこぼれた。

そのあと、僕は大学、就職、結婚、出産と、仕事も生活もすべて順調にいった。この間、我が家にも大きな変化があった。父はやはり村の幹部だったが、弟と妹は成長し、母に代わって家事仕事ができるようになり、暮らしは徐々によくなってきていた。

また大晦日がやってきた。家族全員そろって、いつもの年のようにテーブルを囲んで一緒にギョウザを作った。ギョウザを作っていると、あのときのことが思い出され、母に「もしもあの年、硬貨に当たらなかったら、今の僕はなかったね。」と聞いた。

母はそれを聞くと大笑いし、「運があるかないか、硬貨なんぞで分かるものか。あれは験かつぎじゃ。ギョウザを取るとき、冷たい水で手をぬらし、一つひとつ摘み、硬貨の入っているギョウザを探し出し、民のお椀に入れたんじゃ。」と打ち明けてくれた。

ふいに目頭が熱くなり、母から目をそらした。

【あらすじと構成（起承転結）】

あらすじ

大学入試に失敗すると、大学進学を諦めるが、母親に諭されて県立高校に戻って勉強をやり直す。しかし、学内試験により、新3年生にも及ばない自分の現在の成績と家族の苦労、とくに母親の苦労を思うと、これ以上迷惑をかけられないと思い、冬休みに帰省し大学入試をやめることにした決心を話す。母親は何も言わず家族でギョウザを作り元旦に食べると、大学受験をする長男が硬貨入りのギョウザにあたる。母親をはじめとする家族に今年は運があると囃し立てられ、大学を受けることにする。その後、大学への進学、就職、結婚、出産とすべてが順調に行く。

また、ある年の大晦日、ギョウザを作っているとき、硬貨入りのギョウザの話しをすると、それが運ではなく、母親が硬貨入りのギョウザを選んでお椀のなかに入れてくれたことを知り、家族、特に母親の愛情の深さに感謝する。

起承転結

起：大学統一入試に不合格となる。

承：大学入試を諦めようとするものの、家族に励まされて入試に再挑戦。

転：大学合格通知書が届いてからの順調な人生。

結：ギョウザの中の硬貨は長男を励ますためのものであり、長男の大学合格は本人の努力だということを話す母親の愛情。

課題文《一枚硬币》（「人民中国」1997年5月より）

課題文

石头开花的故事（石から咲いた花の物語）

原文と注

他没想到会在无意之中做出件蠢事来，岂只是蠢呢[(注1)]？当他把那几颗晶莹的种子下到两只精致的花盆的时候[(注2)]，小女儿沁沁跑了过来，嚷着也要种花。这可是名贵的花种呢，开了花要上百块一盆[(注3)]，请三托四[(注4)]好不容易弄到的，糟蹋不得[(注5)]。“去，你不懂，等明儿上学了[(注6)]，再让你种。”沁沁便撅着嘴，哭兮兮的[(注7)]。“嗨，小公主[(注8)]，洪水又要泛滥了，好，去拿只空盆来。”沁沁跳着蹦着去搬盆了。他随手拣了颗酷似花种的小鹅卵石，在沁沁亲他脖子喊着“爸爸好”的喜悦中，极认真地放进盆中，让沁沁亲手培上土，浇了水。

（注1）“岂只是蠢呢”は［バカなことだけですむだろうか］の意。“岂只”は［ただ～ばかりではなく］の意。＝“不仅”“不但”。“蠢”［愚かである、間が抜けている］は形容詞だが、ここでは構造から名詞並みに扱われている。これは動詞や形容詞が主語や客語になれる中国語文法のひとつで、枠組理論（拙著『中日対照言語学概論―その発送と表現―』p.14～16）によって解決できる。

（注2）“当他把那几颗晶莹的种子下到两只精致的花盆的时候”は［透明でキラキラ光る何粒かの種を凝った作りの2つの植木鉢に蒔いていた時だ］と訳すのがいいでしょう。“下到”

［蒔いていた］の“下”は述語、“到”は補語です。

（注3）“要上百块一盆”は［一鉢百元にはなるぞ］と訳すのがいいでしょう。“要”は断定。“上百块”は［百元に達する］の意。

（注4）“请三托四”は［何回も頼み込む、あちこち頼み込む］の意。“请托”［頼み込む］“三四”［何回も、回数の多いこと］。同形式の成語に“颠三倒四”［順序がめちゃくちゃなさま、支離滅裂である、つじつまが合わない］、“丢三落四”［あれこれとよく忘れる、しょっちゅう忘れる、忘れっぽい］、“推三阻四”［あれこれ口実を設けて辞退する、いろいろ口実を設けて断る］などがある。

（注5）“糟蹋不得”は［粗末にしてはならない、無駄にしてはいけない、台無しにはできない］の意。“不得”［～してはならない、～してはいけない］は動詞“糟蹋”［粗末にする、台無しにする、無駄にする］の後に用いて禁止や自制を表す。

（注6）“等明儿上学了”は［学校に上がったら］の意。この“明儿”“明天”は［明日］ではなく、［近い将来、近いうち、そのうち］の意。

（注7）“哭兮兮的”は“哭稀稀的”［しくしく泣く］とも言う。

（注8）“小公主”は［王女さま、お姫さま］の意。一人っ子政策のころの女の子に対する呼び方。男の子は“小皇帝”［小さな皇帝、王子さま、若さま］と言った。

【訳文とQ&A】

彼にしたら、こんな意外な形でこんなありえないことが起こるなんて思いもしなかった。(Q&A1) でも、これは本当にあり得ない話だろうか？(Q&A2)

彼がキラキラと光る貴重な種子を、きれいな植木鉢に蒔き付けていた時、小さな娘沁沁が、自分も花を植えたいと叫びながら駆け寄ってきた。しかし今回植えた花の種は貴重なもので、花が咲けば一鉢が百元以上にもなり、再三頼み込んでやっと手に入れたものなので、決して無駄には出来ないものなのだ。

「あっちへ行ってなさい。お前にはまだ出来ないよ。学校へ行くようになったらやらせてあげるから」

沁沁はすぐに不満そうに口をとがらせると、大泣きを始めた(Q&A3)。

「やれやれ、おちびさん、顔が涙でびしょびしょだ。もう泣くのはおやめ(Q&A4)。仕方がない、それじゃ、あそこから空の植木鉢を持っておいで」

沁沁は、喜び勇んで鉢を運んできた。彼は適当に手許にあった、花の種によく似た小さな玉石を選んで与えた(Q&A5)。沁沁が彼の首に抱き着き、

「パパ、ありがとう」

と嬉しそうに叫んだので、玉石を丁寧に鉢の中に置き、手で土を被せ水をやることを教えた(Q&A6)。

(Q&A1) "他没想到会在无意之中做出件蠢事来"は［意識的ではないにしろ、こんなバカなことを自分がしでかすとは思わなかった］と訳すのがいいでしょう。この場合の"他"は［自分が］と訳します。

(Q&A2) "岂只是蠢呢"は（注1）を参考にしてください。

(Q&A3) "沁沁便撅着嘴，哭兮兮的"は［口を尖らせ、しくしくと泣いた］と訳すのがいいでしょう。

(Q&A4) "小公主，洪水又要泛滥了"は［お嬢ちゃん、目からまた涙が溢れそうですよ］と訳すのがいいでしょう。

(Q&A5) "他随手拣了颗酷似花种的小鹅卵石"は［無造作に花の種によく似た小さな丸い石を取ると］と訳すのがいいでしょう。

(Q&A6) "让沁沁亲手培上土，浇了水"は［沁沁の手で土をかけ水をかけさせた］と訳すのがいいでしょう。

【添削文】

彼にしたら、こんな意外な形でこんなバカなことをしでかすなんて思いもしなかった。でも、バカなことだけで済ませるだろうか。

彼がキラキラと光る何粒かの種子を、きれいな植木鉢に蒔いていた時、娘の沁沁が、自分も花を植えたいと叫びながら駆け寄ってきた。しかし今回植えた花の種は貴重なもので、花が咲けば一鉢が百元以上にもなり、再三頼み込んでやっと手に入れたものなので、決して無駄には出来ないものなのだ。「あっちへ行ってなさい。お前にはまだ出来ないよ。学校へ行くようになったらやらせてあげるから」と言うと、沁沁は不満そうに口をとがらせ、しくしくと泣き始めた。「やれやれ、お嬢ちゃん、目から涙が溢れ出そうだよ。仕方がない、それじゃ、空の植木鉢を持っておいで」沁沁は、喜び勇んで鉢を運んできた。彼は適当に手許にあった花の種によく似た小さな丸い石を選んでおいた。沁沁が彼の首にチュウをして、「パパ、ありがとう」と嬉しそうに叫んだので、丸い石を丁寧に鉢の中に置き、手で土を被せ水をかけさせた。

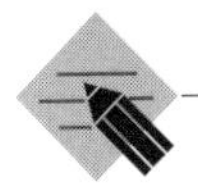

【講評（88点）】

場面をよく捉え、基本的な訳はよくできています。しかし、最初の1行の意味は理解できるのですが、なかなか訳し難かったのではないかと思います。また、“那几颗晶莹的种子”“哭兮兮的”“洪水又要泛滥了”“让沁沁亲手培上土，浇了水”など、何箇所かさらに推敲をしたほうがよいところもありました。

【参考訳文】

意図的ではないにしろ、こんなバカなことをしてしまうなんて、自分自身考えられなかった。これがバカなことだけで済まされればいいのだが。

透明でキラキラ光る何粒かの種を凝った作りの２つの植木鉢に蒔いていたときだ。娘の沁沁（シンシン）が駆けよってきて、花を植えさせてとせがむ。これはなかなか手に入らない貴重な種で、花が咲けば一鉢百元にはなる。何度も頼み込んでやっと手に入れたのだ。失敗は許されない。「あっちへ行きなさい、聞き訳がないな。学校へ行くようになったら種を植えさせてあげるから。」沁沁は口を尖らせてしくしく泣いている。「あらあら、お嬢ちゃん、目から涙がまた溢れそうだよ。分かった、分かった。空いている鉢を持っておいで。」沁沁は大喜びで飛んだり跳ねたりしながら植木鉢をとってきた。その間に、花の種によく似た小さな丸い石を無造作に拾っておいた。沁沁が首にチュをして「パパ大好き」と喜んで叫んでいると、それを真剣なそぶりで植木鉢の中に置き、沁沁の手で土を入れさせ水をかけさせた。

石头开花的故事（石から咲いた花の物語）

原文と注

土里埋进了一个小小的欺骗。(注1)

沁沁有了一盆属于自己的花，(注2)亲手种的花！尽管还没出芽，没长叶，没开花。但一切都会有的。(注3)她觉着很了不起，逢人便讲。每天，都认真地浇水，(注4)让花盆晒太阳。还埋了几粒化肥。夜里，所有的梦都是花，红的，黄的，蓝的，五彩的，开得满屋满地，从阳台开到大街上、公园里。连她头上、身上，都满是花，好香好香(注5)……

这时候，他才觉得办了件蠢事。

(注1) “土里埋进了一个小小的欺骗”は［土の中に小さなウソを埋めた］だが、［ちっちゃなウソがひとつ土の中に埋められた］と訳す方が日本語らしくなるでしょう。前者の訳は親子が埋めるので意図的になりますが、後者の訳はヒトの意思が文中に表れない訳です。日本語で受身文を多く用いるのは意思を文中に出さないためです。（参考：拙著『中日対照言語学概論―その発送と表現―』p.176 ～ 179）

(注2) “一盆属于自己的花”は二つの限定語“一盆”“属于自己”がありますが、前者とのむすびつき“一盆花”は関係的なむすびつき、後者とのむすびつき“属于自己的花”は規定的なむすびつきです。中国語は“花”を規定するのが動詞連語なので、花の前に用います。関係的なむすびつきは両者の関係

を表すだけなので、この連語"一盆属于自己的花"の一番前に用います。(参考：拙著『中日対照言語学概論—その発送と表現—』p.102 ～ 105)

(注3) "尽管还没出芽，没长叶，没开花。但一切都会有的。"は二つの文に分かれていますが、"尽管……但……"による逆説関係なので気をつけましょう。一般には一つの複文になっていますが、ごくまれに二つに分かれている文があります。

(注4) "都认真地浇水"は［欠かさずこまめに水をかけている］と訳すのがいいでしょう。

(注5) "开得满屋满地，从阳台开到大街上、公园里。连她头上、身上，都满是花，好香好香"は、［部屋中に、庭中に花が咲いている、ベランダから大通りや公園まで花が咲いている。沁沁の頭や身体にさえ花が咲いて、いい香りがする］と訳せますが、これは［部屋中に、庭中に花が咲いている。ベランダから大通りや公園まで花が咲いている。沁沁の頭や身体にさえ花が咲いている。どこもかしこもいい香りがする］と訳すほうがいいでしょう。文末を［花が咲いている］で統一すると、リズミカルに花の美しさや香りの良さが自然にでてきます。

【訳文とQ&A】

鉢に埋められた些細な嘘。(Q&A1)

晴れて沁々も自分の花を持つようになった。それも、自分手ずから土を盛って埋めた種だ。まだ咲くところか、葉っぱや芽すら出てないにしろ、そのうちのことだ。あたしすごい！とドキドキして人に会っては花の話で持ち切りの沁々。(Q&A2)水をあげたり、お日様を浴びらせたり、花の世話は毎日欠かさず丹念に。肥やしもやっておいた。(Q&A3)夜に見た夢、それは一面の花世界だ。赤い花、黄色い花、青い花や五色の花(Q&A4)が部屋中を埋め尽くし、街や公園にまで広がっていく。いつの間にか、彼女の頭上や体にも花が咲いて、あちこちいい匂い……

なんてことだ——彼は、初めて自分の愚かさに気づいてしまった。

(Q&A1) "土里埋进了一个小小的欺骗"は［土の中にちっちゃなウソがひとつ埋められた］と訳すのがいいでしょう。(注1) を参考にして下さい。

(Q&A2) "逢人便讲"は言語環境から［会う人ごとに花の話しをする］と、増訳［花の］で訳すのがいいでしょう。

(Q&A3) "还埋了几粒化肥"は［肥料も播いた］と訳すのがいいでしょう。

(Q&A4) "五彩的"は［色とりどりの］と訳すのがいいでしょう。

【添削文】

鉢に埋められたちょっとした嘘。

晴れて沁々も自分の花を一鉢持てるようになった。それも、自分手ずから土を盛って埋めた種だ。まだ咲くところか、葉っぱや芽すら出てないにしろ、そのうちのことだ。あたしすごい！とドキドキして会う人ごとに花の話しをする沁々。水をあげたり、お日様を浴びせたり、花の世話は毎日欠かさず丹念に。肥やしもやった。夜に見た夢、それは一面の花の世界だ。赤い花、黄色い花、青い花や色とりどりの花が部屋中庭中を埋め尽くし、街や公園にまで広がっている。いつの間にか、沁々の頭や体にも花が咲いて、あちこちいい香りがする……

なんてことだ——父親は、初めて自分の愚かさに気づいた。

【講評（88点）】

場面をよく捉え、細部にわたるまで大変上手く訳されています。特に"……，都……"の訳は優れています。ただ、脱落箇所"开得满屋满地"や推敲を要する方がよい箇所"但一切都会有的""她觉着很了不起"などがありました。

【参考訳文】

こうして、ちっちゃなウソが土の中にひとつ埋められた。

沁沁は自分の花を一鉢持てるようになった。これは自分で植えた花だ！まだ芽も葉も出ていなく、花も咲いていないが、きっと出てくるに違いない。沁沁は素晴らしいことだと思い、会う人ごとに得意になって花の話しをした。毎日、欠かさず水をかけ、花を日光にあて、肥料も播いた。夜になって見る夢はすべて花だ。赤、黄色、青、色とりどりの花だ。部屋中に、庭中に花が咲いている。ベランダから大通りや公園まで花が咲いている。沁沁の頭や身体にさえ花が咲いている。どこもかしこもいい香りがする……

このとき、馬鹿なことをしてしまったものだと、父親はやっと気付いた。

石头开花的故事（石から咲いた花の物語）

原文と注

“爸爸，你那两盆早就出芽了，我的怎么就没有呢？”沁沁的眼睛闪过希望又闪过失望(注1)。

他低低地说：“我说沁沁不会种花呢。”又说：“这盆不要了吧，爸爸再给沁沁弄。”

沁沁不干(注2)，依然学着大人的样子做着一切。

忽然，一个春雨过后的早晨，沁沁高兴地向全家宣布，花出芽了！

他不信，到阳台上一看(注3)，果然，一粒小小的嫩芽，顶着雨珠，羞涩地低着头，身子又细又白(注4)。看芽儿，不像是他种的那种(注5)，那会是什么呢？这也奇了。他想起一句很有名的话：只要心诚，石头也会开出花来。当真么？

（注1）“闪过希望又闪过失望”は［期待に輝き失望で暗くなる］と訳すのがいいでしょう。

（注2）“不干”は言語環境から［くじけない／諦めない］などと訳すといいでしょう。

（注3）“到阳台上一看”は［ベランダに出て／に行ってちょっと見る］の前者は「空間的な出現のむすびつき」、後者は「空間的な移りのむすびつき」からの訳です。どちらにも訳せます。

(注4) “身子又细又白”は転成訳［細くて白い芽］で訳すのがいいでしょう。

(注5) “他种的那种”の“他”は［彼］ではなく、話題視点から［自分］と訳し、連語全体で［自分が植えたあの種］にするほうがいいでしょう。

【訳文とQ&A】

「パパ、パパが植えた花はとっくに芽が出てきたが、何故私の出てきていないの？」と沁沁の目から希望が見えて、また失望も見えた(Q&A1)。

彼は小さい声で「沁沁は花を植えられないと言ったでしょう。」と言って、さらに、「この花を捨てて、パパは新しいのを持ってきてあげるよ(Q&A2)」と言った。

沁沁は同意しなくて(Q&A3)、依然としてパパを真似して、続けて花の世話をしていた。

突然に、春雨が降った朝、沁沁は嬉しくて家族全員に「花は芽が出てきた。」とお知らせした。

彼は信じられなくて、ベランダに行ってみると、果たして、1つの若芽は雨粒を突いて、恥ずかしく頭を下げているようで、体は細くて白い(Q&A4)。芽を見ると、彼が植えた花じゃないみたい。これはなんでしょうか？これはおかしいな。彼はある名言を思い出した「誠心誠意さえあれば、石からでも花が生えてくる。」本当なの？

(Q&A1) “沁沁的眼睛闪过希望又闪过失望”は［沁沁の目は期待に輝き、

また失望に暮れた］［沁沁の期待に輝く目、失望にくれる目］などと訳すのがいいでしょう。（注1）を参考にして下さい。

（Q&A2）"这盆不要了吧，爸爸再给沁沁弄"は［この鉢はいらないだろう、パパがもう一度やってあげるから］と訳すのがいいでしょう。

（Q&A3）"沁沁不干"は［沁沁はくじけず／諦めず］と訳すのがいいでしょう。

（Q&A4）"身子又细又白"は（注4）を参考にしてください。

【添削文】

「パパ、パパが植えた花はとっくに芽が出てきたのに、何故私のは出てこないの？」と沁沁の目は希望で輝き、また失望で暗くなる。

父親は小さい声で「沁沁には花を植えられないと言ったでしょう。」と言って、さらに、「この花は要らないだろう、パパは新しいのを沁沁にあげるから」と慰めた。

沁沁は諦めず、なおもパパの真似をして花の世話をしていた。

春雨がやんだある朝、突然、沁沁は嬉しくて家族全員に「花の芽が出たわ。」と知らせた。

父親は信じられなくて、ベランダに行ってみると、果たして、若芽は雨粒を載せ、恥ずかしそうに頭を下げているようだ。茎は細くて白い。芽を見ると、自分が植えた花とは違う。これはなんの花だろうか？変だな。父親はある名言「誠心誠意で取り組みさえすれば、石にも花が咲く。」を思い出した。本当なの？

【講評（88点）】

今回も一見すると簡単なようですが、日本語に訳してみると、かなり難しい表現になります。それでも場面をよく捉え、基本的なところは日本語でよく表現していました。ただし、さらに推敲をするほうがよいところ、“沁沁的眼睛闪过希望又闪过失望”“这盆不要了吧，爸爸再给沁沁弄”“沁沁不干”なども若干ありました。

【参考訳文】

「パパ、パパの植木鉢は二つともとっくに芽が出ているのに、あたしの植木鉢はどうして芽が出ないの？」沁沁の目は期待に輝き、また失望で暗くなる。

父親は小さな声で、「沁沁には花を作れないって言っただろ。」また「この鉢はいらないね。パパがもう一度沁沁に作ってあげるから。」と慰めた。

沁沁はくじけない。やはり何でも大人のまねをしてやる。

春雨がやんだある朝、突然、沁沁は大はしゃぎをして家族に花の芽が出たわ、と教えた。

父親には信じられなかった。ベランダに出て見ると、小さな新芽が出ていた。雨の滴（しずく）を載せて、恥ずかしそうに俯いている。細くて白い芽だ。芽を見ると、自分が植えたのとは違う。それではなんの芽だろうか？これも不思議だ。父親は有名なことば「真心があれば、石にも花が咲かせられる」を思い出した。本当なのだろうか。

課題文

石头开花的故事（石から咲いた花の物語）

原文と注

身边，沁沁一张纯真的、快活的脸蛋。(注1)

那芽儿长得好快，像是为了报答沁沁的忙碌和希冀，转眼间都寸把了。(注2)他细细地研究了半天，(注3)终于发现那是株蒲公英。

种子哪来的呢？风儿带来？鸟儿衔来？又怎么刚巧落到这盆里的？喔，这儿有一小片湿润的土壤！他决定和孩子一起侍弄这株蒲公英。沁沁却说："我要和爸爸比赛呢！"

（注1）"身边，沁沁一张纯真的、快活的脸蛋"は長い名詞連語"沁沁一张纯真的、快活的脸蛋"が述語となっている名詞述語文です。[そばには沁沁の純真で快活な顔がある][そばには純真で快活な顔の沁沁がいる][そばには純真で快活な沁沁がいる] などと訳せばいいでしょう。

（注2）"转眼间都寸把了"[あっという間に3センチほどになった] の"都"は"已经"[もう／すでに] の意味。"寸把"の"把"は単位"寸"を表す長さの後に用いられ、[～ほど] の意味を表します。

（注3）"细细地研究了半天"は [時間をかけて細かに見た][こまごまと時間をかけて観察した][時間をかけてじっくりと調べた] の意味。"半天"[長い時間] は長さを表す誇張表現の一つです。

【訳文とQ&A】

身の回りは、沁沁の無邪気で、幸せな顔だ。(Q&A1)

その芽の成長が早く、沁沁の忙しさと希望を答えるように、(Q&A2)あっという間に寸余の大きさになった。(Q&A3)お父さんはじっくり見ると、ようやくそれはタンポポを気づいた。

種はどこから来ただろうか。風がもってきただろうか。鳥の口にくわえて来ただろうか。それからどうしてちょうどこの植木鉢に落ちただろうか。あら、ここは僅かに湿っている土がある。(Q&A4)お父さんは娘と一緒にタンポポを育つと決まった。しかし、沁沁は「パパと試合する。」と意気張り尽いた。(Q&A5)

(Q&A1)“身边，沁沁一张纯真的、快活的脸蛋”は（注1）を参考にしてください。

(Q&A2)“那芽儿长得好快，像是为了报答沁沁的忙碌和希冀”は［その芽はすくすくと育つ。沁沁の心のこもった世話と熱い期待にこたえるかのように］と訳すのがいいでしょう。

(Q&A3)“转眼间都寸把了”は［あっという間に3センチほどに伸びた］と訳すのがいいでしょう。（注2）を参考にして下さい。

(Q&A4)“喔，这儿有一小片湿润的土壤”は［そうか、この鉢が湿っているからなのか］と訳すのがいいでしょう。

(Q&A5)“沁沁却说：‘我要和爸爸比赛呢！’”は［なんと沁沁は「パパと競争をするの！」と張り切っている］と訳すのがいいでしょう。

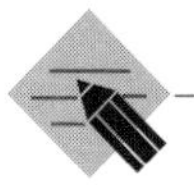

【添削文】

そばには、無邪気で元気な沁沁がいる。

その芽はすくすくと伸び、沁沁の心のこもった熱い期待に答えるかのように、あっという間に3センチほどになった。父親はじっくり調べて、ようやくそれがタンポポだと分かった。

種はどこから来ただろうか。風が運んできただろうか。鳥がくわえて来ただろうか。それからどうしてちょうどこの植木鉢に落ちただろうか。そうか、この鉢には僅かに湿っている土があるからなのか。父親は娘と一緒にタンポポを育てようとした。しかし、沁沁は「パパと競争するの。」と張り切っている。

【講評（85点）】

場面をよく捉え、基本的な訳には問題がありません。ただ細かいところで、"身边，沁沁一张纯真的、快活的脸蛋" "转眼间都寸把了" "我要和爸爸比赛呢"など、日本語の表現に注意した方がよい箇所が若干あります。

【参考訳文】

そばには無邪気でお茶目な沁沁がいる。

沁沁の健気な世話と熱い期待に応えるかのように、芽はスクスクと伸び、あっという間に3センチほどになった。父親はそれをじっくりと観察して、やっとタンポポだとわかった。

種はどこから来たのか？風が運んできたのか？鳥が銜えてきたのか？また、どうして折よくこの鉢に落ちたのか？ああそうか、この鉢の中にある土が湿っているからなんだ！父親は沁沁と一緒にこのタンポポを大事に育てることにした。ところが沁沁は「パパと競争よ！」と張り切っている。

石头开花的故事（石から咲いた花の物語）

原文と注

他却把自己的两盆悄悄地送到朋友的花房里去了。

那原本在什么贫瘠的土地上都能生长的小草[(注1)]，得到精心的照料，便可着劲儿长着[(注2)]。先是一茎，接着又分出几茎，锯齿形的叶子，野野地伸展着[(注3)]。风儿吹过，雨儿洒过，霞光染过，终于，抽出了一朵小花，淡黄的，泛着柔嫩的微光[(注4)]，还招来一只蜂儿，嗡嗡地唱着歌[(注5)]。

沁沁把能找到的人都拖来了，看她的收获。人们都夸她能干，夸过了，又告诉她这花不稀奇，公园的草边上多呢。沁沁却说："这是我种的！"

(注1) "那原本在什么贫瘠的土地上都能生长的小草"は主部として［もともとどんな痩せた土地でも成長するこの雑草は］と訳すのがいいでしょう。構造は"那小草"と"原本在什么贫瘠的土地上都能生长的小草"です。

(注2) "便可着劲儿长着"は［元気よく／スクスクと成長している］と訳すのがいいでしょう。"着劲儿"は［力を込める、力を入れる］の意味。

(注3) "野野地伸展着"は［力強く大きくなっている］と訳すのがいいでしょう。"野野地"は［力強く／グングンと］の意味。

(注4) "泛着柔嫩的微光"は、花は光を放ちませんので、[柔らかな光を放っている/湛えているようだ] と訳すのがいいでしょう。

(注5) "嗡嗡地唱着歌"は擬人法で [ブンブンと歌を歌っている] ですが、日本語では写実法で [ブンブンと飛んでいる] と訳す方がいいでしょう。

【訳文とQ&A】

父親は、自分が植えた二つの鉢を友達の温室へこっそりと運んだ。

タンポポは元々やせた土地でも生える雑草だ。それが丁寧に手入れをされて(Q&A1)、ありったけの力で成長している。まず茎が顔を出し(Q&A2)、それからいくつかに分かれ、ノコギリ型の葉っぱが好き放題に伸び広がっている。風に吹かれ、雨を受け、雲間から差す光を浴び(Q&A3)、ついに小さな花が咲いた。淡い黄色で、柔らかな光をまとっている。蜂が一匹吸い寄せられて、ぶんぶんと歌っている。

沁沁は目についた人を残らず引っ張ってきて(Q&A4)、自分の成果を見せつけた。その人たちはみな彼女の腕がいいとほめちぎったが、この花はありふれたもので、公園の原っぱにたくさんあるとも言った。それでも沁沁は「私が植えた花よ!」と言い張った。

(Q&A1) "得到精心的照料"は [心のこもった世話をされ] と訳すのがいいでしょう。

(Q&A2) “先是一茎”は［まず茎が出て］と訳すのがいいでしょう。

(Q&A3) “风儿吹过，雨儿洒过，霞光染过”は自然現象なので、［風に吹かれ、雨に打たれ、日にさらされ］と受動態で訳すのがいいでしょう。

(Q&A4) “沁沁把能找到的人都拖来了”は［沁沁は呼べる友だちを全員呼んで］と訳すのがいいでしょう。

【添削文】

父親は、自分が育てている二つの鉢を友達の温室へこっそりと運んだ。

タンポポは元々やせた土地でも生える雑草だ。それが丁寧に世話をされたので、ありったけの力で成長している。まず茎が出て、それからいくつかに分かれ、ノコギリ型の葉っぱが自由に伸び広がっている。風に吹かれ、雨に打たれ、雲間から差す光を浴び、ついに小さな花がけなげに咲いた。淡い黄色で、柔らかな光をまとっているようだ。蜂が一匹吸い寄せられて、ぶんぶんと歌っている。

沁沁は目についた友達を残らず引っ張ってきて、自分の成果を見せつけた。友達はみな彼女の腕がいいとほめたが、一方では、この花はありふれたもので、公園の草むらにたくさんあるとも言った。それでも沁沁は「私が植えた花よ！」と言い張った。

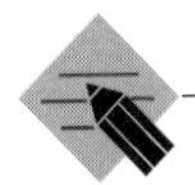

【講評（88点）】

場面をよく捉え、大変よく訳されています。ただ、日本語としてはさらに推敲される方がよい箇所が何箇所か、“得到精心的照料”“风儿吹过，雨儿洒过，霞光染过”“泛着柔嫩的微光”“沁沁把能找到的人都拖来了”などがあります。

【参考訳文】

父親は自分の2鉢をこっそり友人の温室に移した。

もともとどんな痩せた土地でも育つこの雑草は、こまめに世話をされるので、元気よく育った。まず茎が一本出てきて、次に何本かに分かれ、のこぎり型の葉っぱが力強く大きくなった。風に吹かれ、雨に打たれ、日に晒され、とうとう小さな花が顔を出した。淡い黄色で、柔らかな光を放っているようだ。蜂もやって来てブンブンと飛んでいる。

沁沁は呼べる友達を全員呼んできて自分が世話をした成果を見せた。友達はすごいわね、と誉める一方、この花は珍しくなんかないわ、公園の草むらにたくさん生えているわ、と教えた。それでも、沁沁は「これはあたしが植えた花なのよ！」と言い張った。

課題文

石头开花的故事（石から咲いた花の物語）

原文と注

后来，花儿风流过了[(注1)]，便结了果实，绒绒的一个小球，帽子似地顶在头上，好漂亮好漂亮！

再后来，一阵风儿吹过，把那小绒球吹开，成了无数柄小伞[(注2)]，在空中飞着[(注3)]，跳起好看的舞。

“飞呀，飞呀！”沁沁也舞着。

“这就是种子。”他告诉沁沁。

沁沁没记起和先前种下的有什么不同。她鼓起嘴巴吹着，让种子飞向远方。“爸爸，那它们飘到哪儿，哪儿就能再出芽开花么？[(注4)]”

“是的。”他也鼓起嘴巴吹起来。

他又在空中抓了几粒，给沁沁。沁沁把它们夹进了小人书，说明年还要种。

（注1）“花儿风流过了”は［花は盛りが過ぎると］と訳すのがいいでしょう。“风流”は［みやびさ、はなやかさ］の意味。

（注2）“成了无数柄小伞”は［無数の小さなかさ／落下傘となった］と訳すのがいいでしょう。

（注3）“在空中飞着”は［空中を舞っている］と訳すのがいいでしょう。この“在”は“飞着”が「移動を表す」ので、ヲ格で訳

すのがいいでしょう。“他又在空中抓了几粒”［父親は空中で何粒かつかむと］の“在”は“抓了几粒”が「行為の行われるところを表す」ので、デ格で訳すのがいいでしょう。

（注4）“那它们飘到哪儿，哪儿就能再出芽开花么？”は［種は飛んでいったところで、また芽が出て花が咲くの？］と訳すのがいいでしょう。“…哪儿…哪儿…？”の構造で任意の場所を表します。

【訳文とQ&A】

それから花はしぼんで(Q&A1)種をつけた。ふわふわした小さな球を帽子のようにかぶって(Q&A2)、なんてきれいなのだろう。

しばらくすると、風に吹かれて、ふわふわの球は数えきれないほどの小さな傘になって宙を飛び、かわいいダンスを踊りだした。

「飛べ、飛べ！」チンチンも踊っている。

「これが種だよ」と父親は教えた。

以前植えた種と違うことを、チンチンは覚えていない。頬を膨らませて(Q&A3)綿毛を吹き、種を遠くに飛ばして言った。「パパ、じゃあ、この種が飛んで行った先で芽が出て花が咲くの？」

「そうだよ」。父親も綿毛を吹いた。

そして空中でいくつか捕まえて、チンチンにやった。チンチンはそれを絵本に挟み込み、来年また植えるんだと言った。

(Q&A1)“花儿风流过了”は（注1）を参考にしてください。

(Q&A2)“绒绒的一个小球，帽子似地顶在头上”は［繊毛の小さな球が帽子のように茎の天辺に載っている］と訳すのがいいでしょう。

（Q&A3）“她鼓起嘴巴吹着”は［沁沁が口をすぼめて吹くと］と訳すのがいいでしょう。

【添削文】

それから花は盛りが過ぎると実をつけた。ふわふわした小さな球を帽子のように茎の天辺に載せて、なんてきれいなのだろう。

しばらくすると、風に吹かれて、ふわふわの球は数えきれないほどの小さな傘になって宙を飛び、かわいいダンスを踊りだした。

「飛べ、飛べ！」チンチンも踊っている。

「これが種だよ」と父親は教えた。

以前植えた種と違うことを、チンチンは覚えていないようだ。口をすぼめて綿毛を吹き、種を遠くに飛ばして言った。

「パパ、じゃあ、この種が飛んで行った先で芽が出て花が咲くの？」

「そうだよ」。父親も綿毛を吹いた。

そして空中でいくつか捕まえて、チンチンにやった。チンチンはそれを絵本に挟み込み、来年また植えるんだと言った。

【講評（91点）】

場面をよく捉え、訳文も完成度が高くなっています。ただ、推敲を要する箇所“花儿风流过了”“她鼓起嘴巴吹着”もありましたので、単語の意味と場面の関係をさらに考慮すると、ずっとよくなるでしょう。

【参考訳文】

その後、花の盛りが過ぎると、実がつき、繊毛でできた小さな球が、帽子のように茎の天辺に載った。なんて綺麗なんだ！

その後また、風が吹き、その小さな綿帽子を吹き飛ばすと、たくさんの小さな落下傘となって、美しいダンスのように空中を舞った。

「飛んで、飛んで！」と声をかけながら沁沁もスキップを踏んでいる。

「これが種だよ。」と父親が沁沁に教えてあげた。

沁沁は前に植えた種とどんな違いがあるのか覚えていないようだ。沁沁が口をすぼめて吹くと、種は遠くへ飛んでいった。「パパ、種は飛んでいったところで、また芽が出て花が咲くの？」と聞いてくる。

「そうだよ。」と答えると、父親も口をすぼめて吹いた。

父親は空中で種を何粒か掴むと、沁沁にあげた。沁沁は種を絵本にはさむと、来年も種を植えるの、と言う。

石头开花的故事（石から咲いた花の物語）

【原文と起承転結】

他没想到会在无意之中做出件蠢事来，岂只是蠢呢？

当他把那几颗晶莹的种子下到两只精致的花盆的时候，小女儿沁沁跑了过来，嚷着也要种花。这可是名贵的花种呢，开了花要上百块一盆，请三托四好不容易弄到的，糟蹋不得。“去，你不懂，等明儿上学了，再让你种。”沁沁便撅着嘴，哭兮兮的。“嗨，小公主，洪水又要泛滥了，好，去拿只空盆来。”沁沁跳着蹦着去搬盆了。他随手拣了颗酷似花种的小鹅卵石，在沁沁亲他脖子喊着“爸爸好”的喜悦中，极认真地放进盆中，让沁沁亲手培上土，浇了水。

土里埋进了一个小小的欺骗。

沁沁有了一盆属于自己的花，亲手种的花！尽管还没出芽，没长叶，没开花。但一切都会有的。她觉着很了不起，逢人便讲。每天，都认真地浇水，让花盆晒太阳。还埋了几粒化肥。夜里，所有的梦都是花，红的，黄的，蓝的，五彩的，开得满屋满地，从阳台开到大街上、公园里。连她头上、身上，都满是花，好香好香……

这时候，他才觉得办了件蠢事。

“爸爸，你那两盆早就出芽了，我的怎么就没有呢？”沁沁的眼睛闪过希望又闪过失望。

他低低地说：“我说沁沁不会种花呢。”又说：“这盆不要了吧，爸爸再给沁沁弄。”

沁沁不干，依然学着大人的样子做着一切。

忽然，一个春雨过后的早晨，沁沁高兴地向全家宣布，花出芽了！

他不信，到阳台上一看，果然，一粒小小的嫩芽，顶着雨珠，羞涩地低着头，身子又细又白。看芽儿，不像是他种的那种，那会是什么呢？这也奇了。他想起一句很有名的话：只要心诚，石头也会开出花来。当真么？

身边，沁沁一张纯真的、快活的脸蛋。

那芽儿长得好快，像是为了报答沁沁的忙碌和希冀，转眼间都寸把了。他细细地研究了半天，终于发现那是株蒲公英。

种子哪来的呢？风儿带来？鸟儿衔来？又怎么刚巧落到这盆里的？喔，这儿有一小片湿润的土壤！他决定和孩子一起侍弄这株蒲公英。沁沁却说：“我要和爸爸比赛呢！”

他却把自己的两盆悄悄地送到朋友的花房里去了。

那原本在什么贫瘠的土地上都能生长的小草，得到精心的照料，便可着劲儿长着。先是一茎，接着又分出几茎，锯齿形的叶子，野野地伸展着。风儿吹过，雨儿洒过，霞光染过，终于，抽出了一朵小花，淡黄的，泛着柔嫩的微光，还招来一只蜂儿，嗡嗡地唱着歌。

沁沁把能找到的人都拖来了，看她的收获。人们都夸她她能干，夸过了，又告诉她这花不稀奇，公园的草边上多呢。沁沁却说：“这是我种的！”

后来，花儿风流过了，便结了果实，绒绒的一个小球，帽子似地顶在头上，好漂亮好漂亮！

再后来，一阵风儿吹过，把那小绒球吹开，成了无数柄小伞，在空中飞着，跳起好看的舞。

“飞呀，飞呀！”沁沁也舞着。

“这就是种子。”他告诉沁沁。

沁沁没记起和先前种下的有什么不同。她鼓起嘴巴吹着，让种子飞向远方。“爸爸，那它们飘到哪儿，哪儿就能再出芽开花么？”

“是的。”他也鼓起嘴巴吹起来。

他又在空中抓了几粒，给沁沁。沁沁把它们夹进了小人书，说明年还要种。

起（書き出し）

他没想到会在无意之中做出件蠢事来，岂只是蠢呢？

承（「起」を受けての展開）

当他把那几颗晶莹的种子下到两只精致的花盆的时候，小女儿沁沁跑了过来，嚷着也要种花。这可是名贵的花种呢，开了花要上百块一盆，请三托四好不容易弄到的，糟蹋不得。“去，你不懂，等明儿上学了，再让你种。”沁沁便撅着嘴，哭兮兮的。“嗨，小公主，洪水又要泛滥了，好，去拿只空盆来。”沁沁跳着蹦着去搬盆了。他随手拣了颗酷似花种的小鹅卵石，在沁沁亲他脖子喊着“爸爸好”的喜悦中，极认真地放进盆中，让沁沁亲手培上土，浇了水。

土里埋进了一个小小的欺骗。

沁沁有了一盆属于自己的花，亲手种的花！尽管还没出芽，没长叶，没开花。但一切都会有的。她觉着很了不起，逢人便讲。每天，都认真地浇水，让花盆晒太阳。还埋了几粒化肥。夜里，所有的梦都是花，红的，黄的，蓝的，五彩的，开得满屋满地，从阳台开到大街上、公园里。连她头上、身上，都满是花，好香好香……

这时候，他才觉得办了件蠢事。

“爸爸，你那两盆早就出芽了，我的怎么就没有呢？”沁沁的眼睛闪过希望又闪过失望。

他低低地说：“我说沁沁不会种花呢。”又说：“这盆不要了吧，爸爸再给沁沁弄。”

沁沁不干，依然学着大人的样子做着一切。

転（話の内容が大きく変わる）

忽然，一个春雨过后的早晨，沁沁高兴地向全家宣布，花出芽了！

他不信，到阳台上一看，果然，一粒小小的嫩芽，顶着雨珠，羞涩地低着头，身子又细又白。看芽儿，不像是他种的那种，那会是什么呢？这也奇了。他想起一句很有名的话：只要心诚，石头也会开出花来。当真么？

身边，沁沁一张纯真的、快活的脸蛋。

那芽儿长得好快，像是为了报答沁沁的忙碌和希冀，转眼间都寸把了。他细细地研究了半天，终于发现那是株蒲公英。

种子哪来的呢？风儿带来？鸟儿衔来？又怎么刚巧落到这盆

里的？喔，这儿有一小片湿润的土壤！他决定和孩子一起侍弄这株蒲公英。沁沁却说：“我要和爸爸比赛呢！”

他却把自己的两盆悄悄地送到朋友的花房里去了。

那原本在什么贫瘠的土地上都能生长的小草，得到精心的照料，便可着劲儿长着。先是一茎，接着又分出几茎，锯齿形的叶子，野野地伸展着。风儿吹过，雨儿洒过，霞光染过，终于，抽出了一朵小花，淡黄的，泛着柔嫩的微光，还招来一只蜂儿，嗡嗡地唱着歌。

沁沁把能找到的人都拖来了，看她的收获。人们都夸她她能干，夸过了，又告诉她这花不稀奇，公园的草边上多呢。沁沁却说：“这是我种的！”

后来，花儿风流过了，便结了果实，绒绒的一个小球，帽子似地顶在头上，好漂亮好漂亮！

再后来，一阵风儿吹过，把那小绒球吹开，成了无数柄小伞，在空中飞着，跳起好看的舞。

“飞呀，飞呀！”沁沁也舞着。

結（結論）

“这就是种子。”他告诉沁沁。

沁沁没记起和先前种下的有什么不同。她鼓起嘴巴吹着，让种子飞向远方。“爸爸，那它们飘到哪儿，哪儿就能再出芽开花么？”

“是的。”他也鼓起嘴巴吹起来。

他又在空中抓了几粒，给沁沁。沁沁把它们夹进了小人书，说明年还要种。

【課題】

以下の3点について考えてください。時間があればメールで返事をください。

1.“让沁沁亲手培上土，浇了水”は［沁沁の手で土を入れさせ水をかけさせた］と［沁沁に土を入れさせ水をかけさせた］では、日本語としてどちらがいいでしょうか。その理由も考えてみてください。

2.“沁沁的眼睛闪过希望又闪过失望”は［沁沁の目は輝いたり暗くなったりする］と訳しますが、どうして沁沁は目が輝いたり暗くなったりするのでしょうか。

3.父親はなぜ高価な花を友人の温室に移す一方、自宅では沁沁と一緒にタンポポを育てようとするのでしょうか。

【参考訳文】

石から咲いた花の物語

意図的ではないにしろ、こんなバカなことをしてしまうなんて、自分自身考えられなかった。これがバカなことだけで済めばいいのだが。

ツヤツヤと光る種を何粒か、凝った作りの２つの植木鉢に蒔いていたときだ。娘の沁沁（シンシン）が駆けよってきて、沁沁にも花を植えさせて、とせがむ。これはなかなか手に入らない貴重な種で、花が咲けば一鉢百元にはなる。何度も頼み込んでやっと手に入れたのだ。失敗は許されない。「あっちへ行きなさい、聞き訳がないな。学校へ行くようになったら種を植えさせてあげるから。」沁沁は口を尖らせてしくしく泣いている。「あらあら、お嬢ちゃん、目から涙がまた溢れそうだね。分かった、分かった。空いている鉢を持っておいで。」沁沁は大喜びで飛んだり跳ねたりしながら植木鉢をとってきた。その間に、花の種によく似た小さな丸い石を無造作に拾っておいた。沁沁が首にチュをして「パパ大好き」と喜んで叫んでいると、それを真剣なそぶりで植木鉢の中に置き、沁沁に土を入れさせ水をかけさせた。

こうして、ちっちゃなウソが土の中にひとつ埋められた。

沁沁は自分の花を一鉢持てるようになった。これは自分で植えた花なのよ！まだ芽も葉も花も出ていないけど、きっとみんな出てくるわ。沁沁は素晴らしいことだと思い、会う人ごとに得意になって花の話しをした。毎日、欠かさず水をかけ、花を日光にあて、肥料もやった。夜になって見る夢はすべて花だ。赤、黄色、青、色とりどりの花だ。部屋中に、庭中に花が咲いている。ベランダから大通りや公園まで花が咲いている。沁沁の頭の天辺から爪先まで花が咲いている。どこもかしこもいい香りがする……

このとき、馬鹿なことをしてしまったと、父親はやっと気付いた。

「パパ、パパの植木鉢は二つともとっくに芽が出ているのに、あたしの植木鉢はどうして出ないの？」沁沁の目は期待に輝き、失望でまた暗くなる。

父親は小さな声で、「沁沁には花を作れないって言っただろ。」また「この鉢はいらないね。パパがもう一度沁沁に作ってあげるから。」と慰めた。

沁沁はくじけない。やはり何でも大人のまねをする。

春雨がやんだある朝、突然、沁沁は家の人に花の芽が出たわ、と大はしゃぎして知らせた。

父親には信じられなかった。ベランダに出て見ると、小さな新芽が出ていた。雨の滴を載せて、恥ずかしそうに俯いている。細くて白い芽だ。芽を見ると、自分が植えたのとは違う。それではなんの芽だろうか？これも不思議だ。父親は有名なことば「真心で接すれば、石にも花を咲かせられる」を思い出した。本当なのだろうか。

そばには無邪気でお茶目な沁沁がいる。

沁沁の健気な世話と熱い期待に応えるかのように、芽はスクスクと伸び、あっという間に３センチほどになった。父親はそれをじっくりと観察して、やっとタンポポだとわかった。

種はどこから来たのか？風が運んできたのか？鳥が銜えてきたのか？また、おりよく、どうしてこの鉢に落ちたのか？ああそうなのか、この鉢の中にある土が湿っているからなんだ！父親は沁沁と一緒にこのタンポポを大事に育てることにした。ところが沁沁は「パパと競争よ！」と張り切っている。

父親は自分の２鉢をこっそり友人の温室に移した。

もともとどんな痩せた土地でも育つこの雑草は、こまめに世話をされるので、元気よく育った。まず茎が一本出てきて、次に何本かに分かれ、のこぎり型の葉っぱが力強く大きくなった。風に吹かれ、雨に打たれ、日に晒され、とうとう小さな花が顔を出した。淡い黄色で、柔らかな光を放っているようだ。蜂もやって来てブンブンと飛んでいる。

沁沁は呼べる友達を全員呼んできて自分が世話をした花を見せた。友達はすごいわね、と誉める一方、この花は珍しくなんかないわ、公園の草むらにたくさん生えているわ、と教えた。それでも、沁沁は「これはあたしが植えた花なのよ！」と言い張った。

その後、花の盛りが過ぎると、実がつき、繊毛でできた小さな球が、帽子のように茎の天辺に載った。なんて綺麗なんだ！

しばらくして、強い風が吹き、タンポポの綿帽子を吹き飛ばすと、たくさんの小さな落下傘となって、美しいダンスを舞うように空中で舞った。

「飛んで、飛んで！」と声をかけながら沁沁も舞っている。

「これが種だよ。」と父親が沁沁に教えてあげた。

沁沁は前に植えた種とどんな違いがあるのか覚えていないようだ。沁沁が口をすぼめて吹くと、種は遠くへ飛んでいった。「パパ、種は飛んでいったところで、また芽が出て花が咲くの？」と聞いてくる。

「そうだよ。」と答えると、父親も口をすぼめて吹いた。

父親は空中で種を何粒か掴むと、沁沁にあげた。沁沁は種を絵本にはさむと、来年も種を植えるわ、と元気よく言う。

【あらすじと構成（起承転結）】

あらすじ

父親が高価な花の種を苦労して手に入れ蒔いていると、娘の沁沁がやって来て種を蒔かせてとせがむ。高価な種なので、娘には任せられない。娘には種によく似た小さな石を花の種だといって蒔かせると、娘は一生懸命に世話をするが、花はもちろんまったく芽も出さない。

ある日、突然、娘の世話をしている鉢に芽が出て花が咲く。娘は友達を呼んできて見せると、友達は沁沁を誉めるが、どこにでもある花だと言う。それでも娘は自分の育てた花だと言い張る。花は綺麗に咲き綿帽子となると、ある日風に吹かれて種が飛んでいく。父親はその種を手で掴むと娘に渡す。自信をつけた娘は来年も植えるのだと大事そうに絵本にはさむ。

起承転結

起：父親の反省が描かれている。

承：父親の鉢は芽が出てきたのに、沁沁の世話をしている花は芽も出てこない。

転：沁沁の世話をしているタンポポが花を咲かせ綿帽子となって種が遠くへ飛んでいく。

結：父親が種を空中で掴んで沁沁に渡すと、自信をつけた沁沁は元気いっぱいに来年もタンポポを植えるわ、と宣言する。

課題文《石头开花的故事》(「人民中国」1989年3月より)

課題文

脖子上的钥匙丢了（かぎっ子）

原文と注

吊在脖子上的钥匙给弄丢了[注1]，胖胖懊丧极了。门上的锁眼[注2]透不过一丝光亮，连妈妈上班前给他留的馒头和香肠都[注3]没法看见。肚子饿得咕咕叫。太阳也在赶路，树影儿越来越短。

然而胖胖是个勇士（妈妈这么说过），所以他决心咬着牙熬过去[注4]。他打定主意，索性[注5]蹲在地上，打开书包，用蜡笔在纸上画孙悟空。但是，尽管他将美猴王的金箍棒画成了钥匙，饥饿仍在肚子里翻斤头[注6]。他难过，直想哭。

他毕竟是二年级小学生。他恨起门来，为什么门非得上锁不可？

（注1）“给弄丢了”は［なくなってしまった］の意。“给”は助詞で、“弄丢”を強調している。

（注2）“门上的锁眼”は［ドアの鍵穴］の意。“上”は方位詞であり、全体のなかの鍵のある部分［ドアに作ってある鍵穴］を表します。

（注3）“连妈妈上班前给他留的馒头和香肠都”［ママが仕事へ行く前に用意してくれたマントウやソーセージでさえ］の“连……都……”は想定外の強調を表す。

（注4）“咬着牙熬过去”の“熬过去”は［歯をくいしばって（つらいことを）我慢をしていく］の意。

（注5）“索性”は［いっそのこと、思い切って］などの意味だが、日本語訳では感情が強く出すぎるので、減訳にするほうがいいでしょう。

（注6）“饥饿仍在肚子里翻斤头”は擬人法表現。中国語は、ある場面を際立たせるために、あるいは分かりやすくするために、比喩表現［ひもじさがおなかで暴れまわっている］が発達しているが、日本語では写実表現［やっぱりお腹はペコペコだ］で訳す方がいいでしょう。

【訳文とQ&A】

首に掛けていた鍵をなくされて(Q&A1)、パンパンは悔しくてならなかった(Q&A2)。ドアの覗き穴から一筋の光もなく真っ暗[①]で(Q&A3)、お母さんが出勤する前に残したマントウとソーセージも何も見えなかったのだ(Q&A4)。お腹ぺこぺこだった一方、太陽は西に沈みつつあり(Q&A5)、その光に照らされた木の陰も短くなっていく。

そんなに辛くても、お母さんに勇士だと讃えられたので、パンパンは歯を食いしばって耐え忍ぼうとした。決意を固めて、パンパンはしゃがんでおり、かばんの中からクレヨンを取り出して紙に「孫悟空」の絵を描い始めた。しかし、孫悟空の使う如意棒の代わりに鍵を描いても、何の用もなく、お腹はいつも空いている(Q&A6)。彼は悲しくて泣きそうだった。

やはり、パンパンは小学二年生なりに逆にドアを恨んでいて、「どうしてドアはロックされなかったら行かないものだか」って愚痴を言ったのだ。

(Q&A1) "给弄丢了"は（注1）を参考にしてください。

(Q&A2) "懊丧极了"は［しょげかえっている、がっくり／がっかりしている］などと訳すのがいいでしょう。

(Q&A3) "门上的锁眼透不过一丝光亮"は［ドアの鍵穴は光一筋さえ通さない／まったく光を通さない］と訳すのがいいでしょう。（注2）を参考にして下さい。

(Q&A4) "连妈妈上班前给他留的馒头和香肠都没法看见"は［ママが出勤前においていってくれた／用意してくれたマントウやソーセージさえ見えない］と訳すのがいいでしょう。（注3）を参考にして下さい。

(Q&A5) "太阳也在赶路"は［お日さまも急ぎ足／道を急いでいる］と訳すのがいいでしょう。

(Q&A6) "饥饿仍在肚子里翻斤头"は（注6）を参考にしてください。

【添削文】

首に掛けていた鍵をなくしてしまって、パンパンはしょげかえっている。ドアの鍵穴は一筋の光も通さず、ママが出勤前に用意してくれたマントウやソーセージさえ見えなかったのだ。お腹ぺこぺこだ、お日さまは急ぎ足、木の陰も短くなっていくばかり。

そんなに辛くても、ママに勇士だと褒められたこともあったので、パンパンは歯を食いしばって耐え忍ぼうとした。決意を固めて、パンパンはしゃがんで、かばんの中からクレヨンを取り出して紙に孫悟空の絵を描き始めた。しかし、孫悟空の使う如意棒の代わりに鍵を描いても、何の役にも立たなく、お腹はやっぱり空いている。パンパンはお腹がすいたのが辛くて泣きだしたくなった。

やはり、パンパンは小学二年生なのだ。ドアが憎らしくなり、どうしてドアはカギをかけなくちゃいけないのだ、って文句を言っていた。

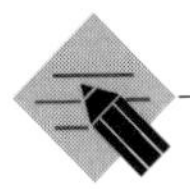

【講評（82点）】

場面をよく理解し、大変上手い日本語で訳されています。ただ、日本語には役柄言葉と世代言葉があるので、その点に気をつけて訳した方がいいでしょう。また、"给他留的馒头和香肠""太阳也在赶路"などの訳には気をつけたほうがいいでしょう。

主人公は幼い子供なので、特に世代言葉に注意し、全体的に易しい言葉を使うようにしたほうがいいでしょう。

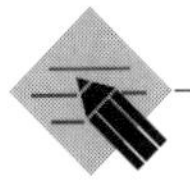

【参考訳文】

首にかけていた鍵をなくしてしまった胖胖はすっかりしょげている。ドアの鍵穴は光をまったく通さない。ママが仕事へ行く前に用意してくれたマントウやソーセージでさえ見えない。お腹がグウグウ鳴っている。お日さまも急ぎ足、木の影も短くなるばかり。

しかし、胖胖は勇者だ（ママがそういったことがある）、だから歯をくいしばって我慢する決心をした。そう決めると、通路にしゃがみこんで、カバンを開け、クレヨンで紙に孫悟空を描きはじめた。でも、孫悟空のもっている如意棒の代わりに鍵を描いてみたって、やっぱりお腹はペコペコだ。お腹が減ったのが辛くて泣き出したくなった。

胖胖はドアが憎らしくなってきた。どうして鍵をかけなくちゃいけないんだ？胖胖はなんといってもまだ幼さの残る小学二年生なのだ。

課題文

脖子上的钥匙丢了（かぎっ子）

原文と注

有人上楼了，蓝色上衣一闪(注1)，那是六楼的蒋阿姨。她爬楼(注2)快极了，像她驾驶公共汽车一样。不久，又听见楼梯格格儿响(注3)，那是三楼的柳医生的硬底皮鞋声。柳医生给胖胖拔牙，一点也不疼的。末了，他看见住一楼的胡子爷爷。爷爷照例吃罢午饭要爬四楼，他要和会钓鱼的老画家下象棋，得胜回朝(注4)，下楼时袖儿老是甩得很高(注5)。

一切又归于沉寂(注6)。只听见楼外叫卖冰棍儿的声音。胖胖依然蹲在地上对着孙悟空发怔。

忽然面前一道耀眼的蓝光(注7)，还没弄清是怎么回事，胖胖已被蒋阿姨挽住。

(注1) “有人上楼了，蓝色上衣一闪”は［青い上っ張りをサッと翻し、階段を上がってくる人がいた］と訳すのがいいでしょう。“有”字文は一般に後の分文から訳します。

(注2) “爬楼”は前後の言語環境から［(前傾姿勢で) 階段を駆け上がる］と訳すのがいいでしょう。

(注3) “不久，又听见楼梯格格儿响”は［しばらくすると、(こんどは) 階段からコツコツと靴音が聞こえてくる］と訳すのがいいでしょう。［しばらくすると］があるので、“又”［こんどは］は減訳にします。

（注4）“得胜回朝”は［凱旋し皇帝に拝謁する］の意味。今は勝負事に勝った人の表情や態度に使います。［勝って意気揚々として帰ってくる］［勝つと意気揚々と引き上げてくる］の意味。

（注5）“袖儿老是甩得很高”は［袖はいつも高く振り上げ］と訳すのがいいでしょう。

（注6）“归于沉寂”は［静寂に帰す］の意味。形容詞“沉寂”が客語となる形態変化のない中国語独特の表現。

（注7）“一道耀眼的蓝光”は名詞連語［まばゆい青い光だ］が述語となる中国語独特の表現。

【訳文とQ&A】

誰か階段を上がってきた。青い上着が一瞬翻った(Q&A1)。あれは6階の蔣おばさんだ。おばさんは階段を駆け上るのが早い。まるでおばさんが運転するバスのようだ(Q&A2)。しばらくして、また階段がギシギシなった(Q&A3)。あれは３階の柳先生が鳴らす硬い靴底の音。柳先生には歯を抜いてもらったけど、ちっとも痛くなかった。最後に見えたのは、１階に住むひげじいさんだ。おじいさんはいつも昼ごはんを食べ終わると４階に上がってくる。おじいさんは釣り好きな老絵描きさんと将棋をするのだ。そして勝つといつも袖を高く閃かせながら降りていく。

再び静けさが戻った。外のアイスキャンディー売りを呼ぶ声だけが聞こえる(Q&A4)。パンパンは相変わらずうずくまり孫悟空を前にぼーっとしていた(Q&A5)。

突然、青い光が閃いて、一体何が起きたのかわからないまま、気づくとパンパンは蔣おばさんに引っ張られていた。

（Q&A1）“有人上楼了，蓝色上衣一闪”は［青い上っ張りがサッとひらめき、階段を上がってくる人がいた］と訳すのがいいでしょう。（注1）を参考にしてください。

（Q&A2）“她爬楼快极了，像她驾驶公共汽车一样”は［彼女はバスを運転するように、階段をあがるのが速い］と訳すのがいいでしょう。（注2）を参考にしてください。

（Q&A3）“又听见楼梯格格儿响”は［階段からコツコツと靴音が聞こえる］と訳すのがいいでしょう。（注3）を参考にして下さい。

（Q&A4）“只听见楼外叫卖冰棍儿的声音”は［建物の外ではアイスキャンデー屋さんの売り声が聞こえる］と訳すのがいいでしょう。

（Q&A5）“胖胖依然蹲在地上对着孙悟空发怔”は［胖胖はやはり通路にしゃがみこんでぼんやりと孫悟空を眺めている］と訳すのがいいでしょう。

【添削文】

青い上着が一瞬翻り、階段を上がってくる人がいた。あれは6階の蔣おばさんだ。おばさんが運転するバスのように、階段を駆け上るのが早い。しばらくして、また階段からコツコツという靴音が聞こえてきた。あれは3階の柳先生の革靴の音だ。柳先生に歯を抜いてもらったけど、ちっとも痛くなかった。最後に見えたのは、1階に住むひげじいさんだ。おじいさんはいつも通り昼ごはんを食べ終わると4階に上がってくる。おじいさんは釣り好きなお年寄りの絵描きさんと将棋を指すつもりのようだ。勝つと決まって袖を高く振り上げるガッツポーズで階段を降りてくる。

再び静けさが戻った。外のアイスキャンデー売りの声だけが聞こえる。パンパンは相変わらずうずくまり孫悟空を前にぼんやりしていた。

突然、青い光が閃いて、一体何が起きたのかわからないまま、気づくとパンパンは蔣おばさんに手を引っ張られていた。

【講評（85点）】

場面をよく捉え、大変上手く訳せています。ただ、"有人上楼了，蓝色上衣一闪""她爬楼快极了，像她驾驶公共汽车一样""他要和会钓鱼的老画家下象棋"のあたりは、中文日訳の原則的なテクニックを学ぶ必要があるでしょう。"有"字文は結論を先に表現するので、日本語では状態を先に訳した方がいいようです。中国語の比喩表現は後で言いますが、日本語では先に表現するほうがいいでしょう。中国語の身内型表現（要……）は、日本語では他人型表現（～のようだ）と訳すほうがいいでしょう。これらは参考訳文と比較してみてください。

【参考訳文】

青い上っ張りがサッと翻り、階段を上がってくる人がいる。六階の蔣おばさんだ。蔣おばさんはバスを運転するように、階段をサッサと駆け上がる。しばらくすると、階段からコツコツと靴音が聞こえる。3階に住んでいる柳先生の革靴の音だ。胖胖は柳先生に歯を抜いてもらったが、ちっとも痛くなかった。最後に、1階に住むひげのおじいさんが見えた。おじいさんはいつも通り昼ご飯を終えると4階に上がり、釣りの上手なお年寄りの画家と将棋をさすつもりのようだ。勝つと階段を下りる時は、きまって袖を高々と振り上げ意気揚々と帰ってくる。

あたりはまた静まり返った。ビルの外でアイスキャンデー売りの声だけがする。胖胖は通路にしゃがみこんだまま、ぼんやりと紙に描いた孫悟空の絵を眺めていた。

突然、目の前にパッと青い光がまばゆくひらめく。なんだか分からないうちに、胖胖はもう蒋おばさんに手を引かれていた。

課題文

脖子上的钥匙丢了（かぎっ子）

原文と注

“可不是嘛，我总是觉得有点不对头(注1)。这孩子，也不吭声(注2)。走，上我家吃饺子(注3)。”说完，她像赶小羊羔似地要胖胖上六楼(注4)。

这是一条狭窄的楼梯过道，一会儿，格格的声音从楼顶响起来(注5)。

这回，柳医生手里不是拿着闪光的拔牙钳，而是一双筷子：“可不是，我也感到奇怪，这孩子平时中午是不出门的。瞧，丢了钥匙，怕是饿坏了(注6)。”他到底是个男人，很快带走了胖胖。

(注1) “我总是觉得有点不对头”は［どう見てもちょっとおかしいなと思った］と訳すのがいいでしょう。“总是”は副詞で、［どう見ても、どうあっても、どうあろうと必ず、必ず、きっと］などの意味です。

(注2) “也不吭声”は［ものも言わない］［何もいわない］などの意味。類同を表す副詞“也”は何の類同かにより、大きく分けると、3種類の訳し方があります。“我也看电影。”［私も映画を見ます。］［私は映画も見ます。］［私は映画を見もします。］などに訳せるでしょう。

(注3) “上我家吃饺子”は［我が家に来て餃子をお食べ］と訳すのがいいでしょう。“上我家”は、我が家が現在地より高いと

ころにあるので"上"を使っています。この"上"は［来る］とも［行く］とも訳せます。［我が家］なので日本語では［来る］と訳す方がいいでしょう。

（注4）"要胖胖上六楼"は［胖胖が六階に上がるのを求める］の意味から、［胖胖を六階にせきたてる］と訳すのがいいでしょう。この"要"は［求める、頼む、言う］の意味です。"她要我替她写信。"［彼女は私に手紙の代筆を頼んだ。］、"他要你自己去拿。"［彼は君に自分で取りに行くようにと言っている。］などの"要"を用いる例文があります。

（注5）"从楼顶响起来"は［上の階からひびいてくる／聞こえてくる］と訳すのがいいでしょう。"楼顶"は［最上階、屋上］などの意味ですが、言語環境から［上の階］と訳す方がいいでしょう。

（注6）"怕是饿坏了"は［すっかりお腹をすかしているんだろ］と訳すのがいいでしょう。"怕"は［おそらく、たぶん］などの意味ですが、ここでは減訳にして、［……だろ］で、推測や推量の気持ちを表します。

2. 訳文とQ&A

「そうよね、ずっとおかしいと思ってたのよ(Q&A1)。この子ったら、何も言わないんだから。さあ行きましょう、おばさんの家で餃子を食べましょうね(Q&A2)」。そう言うと、蒋おばさんはまるで子羊を追うように胖胖を6階に上がらせようとした。

ここは狭い階段の通路である。まもなく、コツコツという靴音が屋上から響いてきた(Q&A3)。

柳先生が手にキラリと光る抜歯鉗子ではなく、今回は箸を一膳持ちながらこう言った。「そうだろう、私も変だと思ったのだよ。この子は平日の昼は出かけないからね。ごらんなさい、カギを無くしてしまったのだね。腹が減ってどうにもならないのだろう」。さすがは男性である。あっという間に胖胖を奪い取ってしまった(Q&A4)。

（Q&A1）“我总是觉得有点不对头”は（注1）を参考にしてください。

（Q&A2）“走，上我家吃饺子”は［さあ、うちへ来て餃子をおあがり］と訳すのがいいでしょう。（注3）を参考にしてください。

（Q&A3）“从楼顶响起来”は（注5）を参考にしてください。

（Q&A4）“很快带走了胖胖”は［すぐに胖胖を連れて行った］の意味ですが、ここでは文脈から［さっさと胖胖を連れて行こうとした］と訳すのがいいでしょう。

【添削文】

「思っていたとおりだわ、なんだかちょっとおかしいと思ってたのよ。この子ったら、何も言わないんだから。さあ、おばさんの家で餃子を食べようね」。そう言うと、蒋おばさんはまるで子羊を追うように胖胖を６階にせきたてた。

ここは狭い階段の通路である。まもなく、靴音がコツコツと上から響いてきた。

今日、柳先生が手に持っているのは、キラリと光る抜歯鉗子ではなく、箸だ。「そうなんだよ、私も変だと思ったのだよ。この子は、昼時は外に出ないからね。ほら、カギを失くしてしまって、腹が減ってどうにもならないのだろう」。さすがは男性である。あっという間に胖胖を連れて行こうとした。

【講評（88点）】

場面をよく理解し、細かいところまで大変上手く訳せています。ただ、"可不是嘛""可不是""我总是觉得有点不对头""这回""很快带走了胖胖"など、何箇所かさらに推敲を要するところがあります。

※前回の講評で胖胖は4階の通路にいるのではないかと思われると書いた講評もありましたが、本編の5回目のところに"二楼"とありますので、胖胖の家は二階にあり二階の通路にいると訂正いたします。

【参考訳文】

「やっぱり思っていた通りね。どう見てもちょっとおかしいわと思ったの。この子ったら、なにも言わないんだから。さあ、うちへ来て餃子をおあがり。」と言うと、蒋おばさんは子羊でも追うように胖胖を6階へせき立てた。

ここは狭い階段に通じる通路だ。しばらくすると、コツコツと靴音が上から聞こえてきた。

柳先生だ。柳先生が手に持っているのはピカピカ光る歯を抜くヤットコ（抜歯カンシ）ではなくて、箸だ。「そうだな。私も変だと思ったんだ。この子は、昼時は外にでないからな。ほら、鍵をなくしてしまって、すっかりお腹をすかしているんだろ。」柳先生はさすがに男性だけあって、さっさと胖胖を連れて行こうとした。

課題文

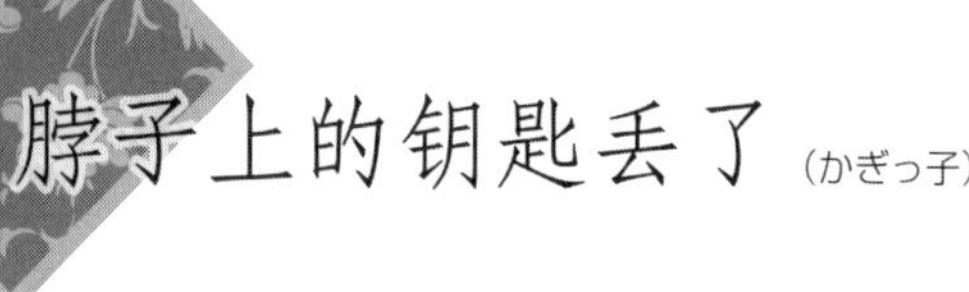

脖子上的钥匙丢了（かぎっ子）

原文と注

被饥饿折磨坏了的勇士[注1]给弄懵了[注2]。楼梯口展开了一场争夺战。双方的理由都十分充分。一个说："我最先发现胖胖。"另一个说："我住三楼，最近。"这里面有"顺序法"和"优选法"之争。猎物是丢了钥匙的的孩子。

就在这难解难分的时刻[注3]，楼上下来了胡子爷爷。银须飘拂，威风凛凛，像一堵墙挡住了上楼的通道[注4]。

（注1）"被饥饿折磨坏了的勇士"は［ひもじさによってこっぴどく痛めつけられた勇者は］の意味から［腹ペコの勇者は］と訳すのがいいでしょう。この訳は動詞を核とする連語［ひもじさによってこっぴどく痛めつけられた］から、名詞を核とする連語［腹ペコの］への翻訳における連語間の「移行」です。また、一般には"被"の後には出来事の主体となるヒト名詞"我的车被小王开走了。"［私の車は王君に乗っていかれてしまった。］が用いられますが、擬人法の発達している中国語ではコト名詞"饥饿"が用いられることもあります。

（注2）"给弄懵了"は［（どうしたらよいか分からずに）困ってしまった］と訳すのがいいでしょう。"弄"は具体的に表現し難い、またはその必要のない動作を表しますが、この表現は動作そのものよりも、その結果"懵"［どうして良いか分からない］や影響に重点が置かれます。

（注3）"就在这难解难分的时刻"は［どちらにしたら良いか分から

ないときに］［どちらも譲らず硬直状態／平行線になりかけたとき］と訳すのがいいでしょう。“难解难分”はよく“难分难解”［分けるに分けられない、接戦のさま、勝負がつかない］とも表現されます。

（注4）“银须飘拂，威风凛凛，像一堵墙挡住了上楼的通道”は［銀色のひげが揺れ、威風堂々とし、壁のように階段を上がる通路を塞いだ／階段を上がる通路を塞ぐ壁のようだ］と訳すのがいいでしょう。

【訳文とQ&A】

空腹に打ちひしがれた勇者は、あっけにとられた(Q&A1)。階段の昇降口では、胖胖の奪い合いが繰り広げられた。二人の言い分は、どちらももっともなものだ。方や「私が先に見つけたのよ」といえば、もう一方は「三階に住んでいるのだから、私のほうが近い」という。これは「順番」か「距離」かの口論である。その中心人物は鍵を失くした子供の胖胖だ(Q&A2)。

なかなか決着がつかないまさにその時、髭のおじいさんが上の階から下りてきた。銀色のひげをなびかせ(Q&A3)、威厳ある堂々とした様子は、まるで壁が上階の通路をふさいだかに見えるのだった。

（Q&A1）“给弄懵了”は（注2）を参考にしてください。

（Q&A2）“猎物是丢了钥匙的的孩子”は［ターゲットは鍵を失くした胖胖だ］と訳すのがいいでしょう。

（Q&A3）“银须飘拂”は「白いひげが揺れ］と訳すのがいいでしょう。

【添削文】

空腹に打ちひしがれた勇者は、困ってしまった。階段の昇降口では、胖胖の奪い合いが繰り広げられた。二人の言い分は、どちらももっともなものだ。方や「私が先に見つけたのよ」といえば、もう一方は「三階に住んでいるのだから、私のほうが近い」という。これは「順番」か「距離」かの口論である。そのターゲットは鍵を失くした胖胖だ。

なかなか決着がつかないまさにその時、髭のおじいさんが上の階から下りてきた。白い髭が揺れ、威厳ある堂々とした様子は、まるで壁が階段を上がる通路をふさいだかに見えるのだった。

【講評（91点）】

場面をよく捉え役柄言葉も使い分け大変上手く訳せています。ただ、第4回課題文全体のイメージが一つひとつの文の訳し方と若干ズレがあります。一つひとつの文の意味と全体のイメージとが一致するよう心がけましょう。また、中国語は表意文字で日本語は表音文字なので、日本語は一般的に言えば長くなる傾向にあるので、なるべく短く訳す工夫も必要です。そうすると訳文に切れ（リズム）が出てきます。

【参考訳文】

腹ペコの勇者は困ってしまった。踊り場で胖胖の奪い合いが始まったのだ。一方が「最初に胖胖を見つけたのは私よ。」と言えば、もう一方は「うちは三階だから、ここから一番近い。」と譲らない。どちらもしっかりとした理由だ。ここには「順番」か「距離」かの争いがある。ターゲットは鍵をなくした胖胖だ。

お互いに譲らず平行線になりかけたとき、上の階からひげのお爺さんが下りてきた。白いひげが揺れ、威風堂々とした姿は、階段を上がる通路を塞ぐ壁のようだ。

課題文

脖子上的钥匙丢了（かぎっ子）

原文と注

他威严地一把拧住胖胖的耳朵[注1]："都只怪爷爷老了，眼睛不好使。跟我下楼去[注2]，叫奶奶先给胖胖煎两个荷包蛋[注3]。"说也怪，爷爷拧的耳朵并不痛，胖胖倒真的哭了。

楼梯上，又多了一位老画家，手里拿着面包，这时光，二楼过道真热闹非凡。

居民大楼的声音[注4]这么响亮，胖胖心里想，不知妈妈和爸爸听到了没有。是的，胖胖心里想，家里的门是打不开了。但是，爷爷、伯伯、阿姨心上的门[注5]，敞开着。

（注1）"他威严地一把拧住胖胖的耳朵"は［おじいさんはいかめしそうな顔つきをして（片手で）胖胖の耳をつねった］と訳すのがいいでしょう。

（注2）"跟我下楼去"は［じいの後について階段を下りていく］と実質視点の中国語では表現されていますが、日本語では話題視点になるので、［じいについて来いよ］と訳すのがいいでしょう。

（注3）"叫奶奶先给胖胖煎两个荷包蛋"は［ばあさんにまず胖胖のために荷包蛋（茹で卵の一種）を二つ作らせるから］の意味ですが、［ばあさんに荷包蛋を二つ作ってもらってやるから］と訳すのがいいでしょう。"叫A给B…"は［BのためにAに～をさせる］の"叫A…"は使役［Aに～をさせる］、"给B…"のBはAの行為の受益者です。

子供にご褒美として卵をあげる場合は、卵を二つ使って、よくタマゴ料理を作ります。卵の数に注意してください。"荷包蛋"は、もとは山西省で殻を割ってから煮立ったお湯に入れ茹でた朝食用のタマゴ料理でしたが、今は全国的になっています。卵の白身で黄身を包み、ハスの葉を二つ折りにしたような形ですが、一般に今は卵の殻を割り煮立ったお湯に入れ茹でると、白身がハスの葉のように広がり、黄身を包むようになる卵料理の一つです。ポーチドエッグや目玉焼きとは異なります。

（注4）"居民大楼的声音"の"居民大楼"は、"有固定住民的大楼"の意味です。アパートに住民がすんでいるのは当然のことですので、"居民"を減訳にして、［アパートのにぎやかな声は］と訳すのがいいでしょう。

（注5）"心上的门"は［心のドア／トビラ］と訳すのがいいでしょう。"心上"の"上"は表面の意味。

【訳文とQ&A】

おじいさんは威厳のある面持ちで、胖胖の耳をにぎって、きゅっと、つねった。(Q&A1)

「わしはもうすっかり年をとったせいで、目が思うように見えなくなった。ぼうや、わしといっしょに下へ降りてこないか。ばあさんに、とりあえず目玉焼きを２つ作らせるから(Q&A2)」

おじいさんがつねった耳は少しも痛くなかった。でも、おかしなことに胖胖の目から涙がぽろぽろと、こぼれていた。階段の上には、もう一人、お年寄りがいた。(Q&A3)四階に住んでいる絵かきさんだ。手にパンを持っていて、胖胖に食べさせようとしていた。

今、二階の階段の通路には、人がたくさんいて、声が大きく響いていた。(Q&A4)

（こんな大きな騒ぎになっているのに、パパやママは全然知らないだろうなぁ）(Q&A5)

胖胖はそう思った。まったくそのとおりだった。

（うちの玄関のドアは固く閉まっているのに、このマンションに住んでいるおじいちゃんや、おじちゃんや、おばちゃんの心のドアは広く開いている）

胖胖はそう思うと、涙が止まらなくなった。

（Q&A1）“他威严地一把拧住胖胖的耳朵”は（注1）を参考にしてください。

（Q&A2）“叫奶奶先给胖胖煎两个荷包蛋”は（注3）を参考にしてください。

（Q&A3）“楼梯上，又多了一位老画家”は［階段には、また一人絵描きの爺さんがふえた］と訳すのがいいでしょう。

（Q&A4）“居民大楼的声音这么响亮”は［アパートの声がこんなに大きいのだから］と訳すのがいいでしょう。（注4）を参考にしてください。

（Q&A5）“不知妈妈和爸爸听到了没有”の“听到”は、［聞きつけた］の意味から、これは［ママやパパに届いたかどうかは分からないけど］と訳すのがいいでしょう。

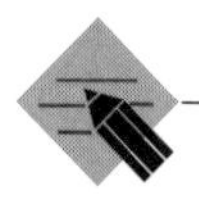

【添削文】

おじいさんは威厳のある面持ちで、胖胖の耳をつねった。「わしはもうすっかり年をとったせいで、目が思うように見えなくなった。ぼうず、じいの後について来いや。ばあさんにゆで卵を二つ作ってもらってやるから。」おじいさんがつねった耳は痛くなかったけど、おかしなことに胖胖の目から涙がぽろぽろとこぼれでた。階段には、もう一人、お年寄りがふえた。四階に住んでいる絵かきさんだ。手にパンを持っている。今、二階の階段の通路はにぎやかなことこの上なかった。

アパートのにぎやかな声がママやパパに届いているかどうか分からないけど、と胖胖は思った。そのとおりだった。うちの玄関のドアは固く閉まっているのに、このマンションに住んでいるおじいちゃんや、おじちゃんや、おばちゃんの心のドアは広く開いている、胖胖はそう思った。

【講評（85点）】

難しい中国語の表現を場面ごとによく捉え、大変上手く訳してあります。基本的な訳文は問題ありませんが、役柄言葉や世代言葉はさらに推敲し、表現に工夫を凝らすほうがいいでしょう。“拧住胖胖的耳朵”“跟我下楼去”“叫奶奶先给胖胖煎两个荷包蛋”“居民大楼的声音这么响亮”など、何箇所かは日本語の表現に推敲を重ねる方が良いようなところがあります。

【参考訳文】

ひげのおじいさんがいかめしそうな顔つきをして、胖胖の耳をギュッとつねった。「年を取ってしまって目がよく見えねえもんだから、悪かったな。じいについて来いよ、ばあさんに茹で卵を二つ作ってもらってやるから。」おかしなことだが、おじいさんにつねられた耳はちっとも痛くないのに、胖胖は泣き出してしまった。

　階段には、パンを持った絵描きのじいさんがまた一人ふえた。このとき、二階の通路はいつになくにぎやかになった。

　アパートのにぎやかな声がママやパパに届いているかな、と胖胖。そうなんだ、うちのドアは開けられなかったけど、おじいさんやおじさん、おばさん達の心のドアはいつでも開いているんだ、と胖胖は晴れやかに思った。

脖子上的钥匙丢了（かぎっ子）

【原文と起承転結】

吊在脖子上的钥匙给弄丢了，胖胖懊丧极了。门上的锁眼透不过一丝光亮，连妈妈上班前给他留的馒头和香肠都没法看见。肚子饿得咕咕叫。太阳也在赶路，树影儿越来越短。

然而胖胖是个勇士（妈妈这么说过），所以他决心咬着牙熬过去。他打定主意，索性蹲在地上，打开书包，用蜡笔在纸上画孙悟空。但是，尽管他将美猴王的金箍棒画成了钥匙，饥饿仍在肚子里翻斤头。他难过，直想哭。

他毕竟是二年级小学生。他恨起门来，为什么门非得上锁不可？

有人上楼了，蓝色上衣一闪，那是六楼的蒋阿姨。她爬楼快极了，像她驾驶公共汽车一样。不久，又听见楼梯格格儿响，那是三楼的柳医生的硬底皮鞋声。柳医生给胖胖拔牙，一点也不疼的。末了，他看见住一楼的胡子爷爷。爷爷照例吃罢午饭要爬四楼，他要和会钓鱼的老画家下象棋，得胜回朝，下楼时袖儿老是甩得很高。

一切又归于沉寂。只听见楼外叫卖冰棍儿的声音。胖胖依然蹲在地上对着孙悟空发怔。

忽然面前一道耀眼的蓝光，还没弄清是怎么回事，胖胖已被蒋阿姨挽住。

“可不是嘛，我总是觉得有点不对头。这孩子，也不吭声。走，上我家吃饺子。”说完，她像赶小羊羔似地要胖胖上六楼。

这是一条狭窄的楼梯过道，一会儿，格格的声音从楼顶响起来。

这回，柳医生手里不是拿着闪光的拔牙钳，而是一双筷子：“可不是，我也感到奇怪，这孩子平时中午是不出门的。瞧，丢了钥匙，怕是饿坏了。”他到底是个男人，很快带走了胖胖。

被饥饿折磨坏了的勇士给弄懵了。楼梯口展开了一场争夺战。双方的理由都十分充分。一个说：“我最先发现胖胖。”另一个说：“我住三楼，最近。”这里面有“顺序法”和“优选法”之争。猎物是丢了钥匙的的孩子。

就在这难解难分的时刻，楼上下来了胡子爷爷。银须飘拂，威风凛凛，像一堵墙挡住了上楼的通道。

他威严地一把拧住胖胖的耳朵：“都只怪爷爷老了，眼睛不好使。跟我下楼去，叫奶奶先给胖胖煎两个荷包蛋。”说也怪，爷爷拧的耳朵并不痛，胖胖倒真的哭了。

楼梯上，又多了一位老画家，手里拿着面包，这时光，二楼过道真热闹非凡。

居民大楼的声音这么响亮，胖胖心里想，不知妈妈和爸爸听到了没有。是的，胖胖心里想，家里的门是打不开了。但是，爷爷、伯伯、阿姨心上的门，敞开着。

起（書き出し）

吊在脖子上的钥匙给弄丢了，胖胖懊丧极了。门上的锁眼透不过一丝光亮，连妈妈上班前给他留的馒头和香肠都没法看见。肚子饿得咕咕叫。太阳也在赶路，树影儿越来越短。

承（「起」を受けての展開）

然而胖胖是个勇士（妈妈这么说过），所以他决心咬着牙熬过去。他打定主意，索性蹲在地上，打开书包，用蜡笔在纸上画孙悟空。但是，尽管他将美猴王的金箍棒画成了钥匙，饥饿仍在肚子里翻斤头。他难过，直想哭。

他毕竟是二年级小学生。他恨起门来，为什么门非得上锁不可？

有人上楼了，蓝色上衣一闪，那是六楼的蒋阿姨。她爬楼快极了，像她驾驶公共汽车一样。不久，又听见楼梯格格儿响，那是三楼的柳医生的硬底皮鞋声。柳医生给胖胖拔牙，一点也不疼的。末了，他看见住一楼的胡子爷爷。爷爷照例吃罢午饭要爬四楼，他要和会钓鱼的老画家下象棋，得胜回朝，下楼时袖儿老是甩得很高。

一切又归于沉寂。只听见楼外叫卖冰棍儿的声音。胖胖依然蹲在地上对着孙悟空发怔。

転（話の内容が大きく変わる）

忽然面前一道耀眼的蓝光，还没弄清是怎么回事，胖胖已被蒋阿姨挽住。

“可不是嘛，我总是觉得有点不对头。这孩子，也不吭声。

走，上我家吃饺子。”说完，她像赶小羊羔似地要胖胖上六楼。

这是一条狭窄的楼梯过道，一会儿，格格的声音从楼顶响起来。

这回，柳医生手里不是拿着闪光的拔牙钳，而是一双筷子：“可不是，我也感到奇怪，这孩子平时中午是不出门的。瞧，丢了钥匙，怕是饿坏了。”他到底是个男人，很快带走了胖胖。

被饥饿折磨坏了的勇士给弄懵了。楼梯口展开了一场争夺战。双方的理由都十分充分。一个说：“我最先发现胖胖。”另一个说：“我住三楼，最近。”这里面有“顺序法”和“优选法”之争。猎物是丢了钥匙的的孩子。

就在这难解难分的时刻，楼上下来了胡子爷爷。银须飘拂，威风凛凛，像一堵墙挡住了上楼的通道。

他威严地一把拧住胖胖的耳朵：“都只怪爷爷老了，眼睛不好使。跟我下楼去，叫奶奶先给胖胖煎两个荷包蛋。”说也怪，爷爷拧的耳朵并不痛，胖胖倒真的哭了。

楼梯上，又多了一位老画家，手里拿着面包，这时光，二楼过道真热闹非凡。

結（結論）

居民大楼的声音这么响亮，胖胖心里想，不知妈妈和爸爸听到了没有。是的，胖胖心里想，家里的门是打不开了。但是，爷爷、伯伯、阿姨心上的门，敞开着。

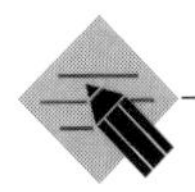

以下の3点について考えてください。時間があればメールで返事をください。

1. このミニ小説を読み、子供に対する中国人と日本人の考え方に違いがあれば、簡単に述べてください。
2. 柳先生はなぜ箸を持ち"柳医生手里不是拿着闪光的拔牙钳，而是一双筷子"、絵描きのじいさんはパンを持っている"又多了一位老画家，手里拿着面包"のですか。
3. ひげのお爺さんはなぜ胖胖の耳をつねった"他威严地一把拧住胖胖的耳朵"のですか。

【参考訳文】

かぎっ子

首にかけていた鍵をなくしてしまった胖胖はしょげかえっている。ドアの鍵穴はまったく光を通さない。ママが仕事へ行く前に用意してくれたマントウやソーセージさえ見えない。お腹がグウグウ鳴っている。お日さまも急ぎ足、木の影も短くなるばかり。

しかし、胖胖は勇者（ママがそういったことがある）だから、歯をくいしばって我慢する決心をした。そう決めると、通路にしゃがみこんで、カバンを開け、クレヨンで紙に孫悟空を描きはじめた。でも、孫悟空の持っている如意棒の代わりに鍵を描いてみたって、やっぱりお腹はペコペコだ。お腹が減ったのが辛くて泣き出したくなった。

胖胖はドアが憎らしくなった。どうして鍵をかけなくちゃいけないんだ？胖胖はなんといってもまだ幼さの残る小学二年生なのだ。

青い上っ張りがサッと翻り、階段を上がってくる人がいる。六階の蔣おばさんだ。蔣おばさんはバスの運転をするように、階段をサッサと駆け上がる。しばらくすると、階段からコツコツと靴音が聞こえてきた。三階に住んでいる柳先生の革靴の音だ。胖胖は柳先生に歯を抜いてもらったが、ちっとも痛くなかった。最後に、一階に住むひげのお爺さんが見えた。お爺さんは、いつも通り昼ご飯を終えると四階に上がり、釣りの上手なお年寄りの画家と将棋をさすつもりのようだ。勝つと階段を下りる時は、きまって袖を高々と振り上げ意気揚々と帰ってくる。

あたりはまた静まり返った。ビルの外でアイスキャンデー売りの声だけが聞こえる。胖胖は通路にしゃがみこんだまま、ぼんやりと紙に描いた孫悟空の絵を眺めていた。

突然、目の前に青い光がパッとまばゆくひらめく。なんだか分からないうちに、胖胖はもう蔣おばさんに手を引かれていた。

「やっぱり思っていた通りね。どう見ても、ちょっとおかしいわと思ったの。この子ったら、なにも言わないんだから。さあ、うちへ来て餃子をおあがり。」と言うと、蔣おばさんは子羊でも追うように胖胖を六階へせき立てた。

ここは狭い階段に通じる通路だ。しばらくすると、コツコツと靴音が上から聞こえてきた。

柳先生だ。柳先生が手に持っているものは、ピカピカ光る歯を抜くヤットコ（抜歯カンシ）ではなく箸だ。「そうだな。私も変だと思ったんだ。この子は、昼時は外にでないからな。ほら、鍵をなくしてしまって、すっかりお腹をすかしているんだろ。」柳先生はさすが男性だけあって、さっさと胖胖を連れて行こうとした。

腹ペコの勇者は困ってしまった。踊り場で胖胖の奪い合いが始まったからだ。一方が「最初に胖胖を見つけたのは私よ。」と言えば、もう一方は「うちは三階だから、ここから一番近い。」と譲らない。どちらの理由もしっかりとしている。ここには「順番」か「距離」かの争いがある。ターゲットは鍵をなくした胖胖だ。

お互いに譲らず平行線になりかけたとき、上の階からひげのお爺さんが下りてきた。白いひげが揺れ、威風堂々とした姿は、階段を上がる通路を塞ぐ壁のようだ。

ひげのお爺さんがいかめしそうな顔つきをして、胖胖の耳をギュッとつねった。「年を取ってしまって目がよく見えねえもんだから、悪かったな。じいについて来いよ、ばあさんに茹で卵を二つ作ってもらってやるから。」おかしなことだが、お爺さんにつねられた耳はちっとも痛くないのに、胖胖は泣き出してしまった。

階段には、パンを持った絵描きのじいさんがまた一人ふえた。このとき、二階の通路はいつになくにぎやかになった。

アパートのにぎやかな声がママやパパに届いているかな、と胖胖。そうなんだ、家のドアは開けられなかったけど、お爺さんやおじさん、おばさん達の心のドアはいつでも開いているんだ、と胖胖は晴れやかに思った。

【あらすじと構成（起承転結）】

あらすじ

鍵を失くしてしまって家に入れず、お腹をすかしてしまった胖胖をめぐって、同じアパートのお爺さんやおじさん・おばさんが声をかけ食事まで出してくれる隣近所の厚い人情が描かれている。

起承転結

起：鍵を失くしてしまった胖胖が描かれている。

承：お腹が減っているのに誰も相手にしてくれない孤独な胖胖が描かれている。

転：胖胖を連れて行こうとするにぎやかな二階の様子が描かれている。

結：アパートにすむ住人の絆が描かれている。

課題文《脖子上的钥匙丢了》（「人民中国」1990年4月より）

III
体験談

 “潤物細無声”――日中翻訳学院の15年 

段景子

この度は、日中翻訳学院創立15周年の記念すべき節目に、長年にわたって高い評価を得ている『日中中日翻訳必携』シリーズ最新作『日中中日翻訳必携 実戦編Ⅴ ―直訳型、意訳型、自然言語訳型の極意―』を上梓できたことを大変嬉しく思います。日中翻訳学院院長高橋弥守彦先生をはじめ、受講生の皆さま、関係者の皆さまに深く御礼申し上げます。

『日中中日翻訳必携』シリーズの誕生を振り返る

日本僑報社は1996年の創立当時から、中国の書籍の翻訳出版に精力的に取り組んでまいりました。2003年に翻訳出版した『新中国に貢献した日本人たち』が日本全国から大きな反響と高い評価をいただいたことで、関東各地の大学教員による中日翻訳研究会の要請を受けました。そこで同書の翻訳責任者だった武吉次朗先生を講師として、弊社の会議室で勉強会を開催することになりました。

講義は参加者から「目からうろこが落ちる、素晴らしい」という高い評価をいただき、「是非もう一度やりたい」という要望を受け、定期勉強会となっていきました。2008年、「日中翻訳学院」を創立する運びとなり、武吉次朗先生が初代院長に就任されました。「忠実に、なめらかに、美しく」（中国語で

「信・達・雅」）を目標に、日中中日翻訳専門家の育成と日中両国の交流に役立つ翻訳事業を展開してきました。

2010年に通信制を取り入れると、それまで東京の小社の会議室に限られていた翻訳学習の拠点が大きく広がりました。また、後に日中翻訳学院の授業内容を凝縮し『日中中日翻訳必携』シリーズとして刊行し、発刊当時から好評を博していました。『日中中日翻訳必携』シリーズはこれまでに武吉先生より4冊、千葉明先生より1冊刊行されており、本書は第6冊目となります。

武吉先生の後任として、日中翻訳学院の二代目院長に高橋弥守彦大東文化大学名誉教授が就任されました。高橋先生は日中対照言語学研究および翻訳人材育成領域において、日本国内のみならず、北京外国語大学など中国の名門大学でも教育指導に携わってきた著名な専門家で、著書もたくさん世に送り出しました。

高橋先生は武吉先生の教育方針を継承し、主宰する中文和訳の「高橋塾」の5年間の授業内容の精髄をまとめ、豊富な例文とともに翻訳技法を紹介する『日中中日翻訳必携』シリーズの最新刊では、「直訳型、意訳型、自然言語訳型」の3つを紹介されました。高橋先生は長年の研究で、すでに40以上の翻訳技法を研究し、まとめていると伺っています。引き続き、日中翻訳学院の講座や、『日中中日翻訳必携』シリーズで紹介されることを楽しみにしております。

「学習者」から「専門家」への架け橋となる日中翻訳学院

日中翻訳学院は、出版翻訳はもちろん、ビジネス、対中業務など、各分野のエリートとして必要な語学の即戦力を高めると同時に、豊富な知識と教養を身につけ、日中両国の文化背景やものの考え方に精通したスペシャリストを目指す学習者を支援いたします。

翻訳は機械的に言葉を置き換えればよいというわけではありません。原著の世界を日本語で再現するために、文法、語彙、表現などのスキルを身につけるのは、翻訳者に必要な能力の一部分でしかありません。その他文化背景、風習、社会事情など関連知識に精通することが不可欠です。

一つ例を挙げます。中国語で“美国”といえばアメリカ合衆国のことを指しますが、日本語訳では「米国」に置き換えられます（なお、日本語で「美国」というとアルメニア共和国を指しますので、そのままにしておくと誤訳となります）。

では、“美”を「米」に置き換えればいいのでしょうか？中国語の“中美関係”を日本語に訳す場合、「中米関係」と置き換えられますが、日本語の慣習では、「中米」は「中央アメリカ」、即ちアメリカの北米と南米の間に位置する国々を指します。

また、「中国とアメリカ」の意味を伝えるために、「米」を前に置いて「米中関係」とすれば、日本語の慣習的な表記に沿い誤解なく伝わる翻訳になります。しかし、中国側の立場上、「米」を前に持ってくることは認められません。

そのため、“中美関係”の翻訳としては、「中米関係」も「米中関係」も原文の意味が伝わらないので、「中国と米国の関係」と訳すのが適切と思われます。

また、“美国大陸”を「米国大陸」とするのは、日本語として不自然ですので、日本人が慣習的に用いる「アメリカ大陸」に表記を変える必要があるでしょう。

日中翻訳学院は、必要な語学知識とスキルを身につけるために、日頃翻訳の学習と訓練を積み重ねながら、文化教養や国際感覚を磨く場ともなっています。中国へ留学をしなくても深く中国と中国語を学び、翻訳者として、また国際人としての力をつける場としての評価が高まっています。

中国語を3年間勉強した方も、30年以上勉強を続けている方も、訳本など形になる成果を残すことは簡単ではありません。

日中翻訳学院での学習を自動車免許取得に例えるなら、まず翻訳教室での学習が第一段階、「教習所での教習」にあたります。続いて「出版翻訳チーム」への参加、これは第二段階の「教官が助手席に座って路上教習」。それからプロの「翻訳家」、すなわち「実際に路上で運転」へと至ります。

日中翻訳学院は、プロの「翻訳家」として実際に「路上に出る」ためにサポートする場です。何度もデビューに失敗した方でも、今では立派な翻訳家になったという例は、私の記憶に数多く残っています。独り立ちを果たし、単独で訳しきった本に接した瞬間の感動は忘れられません。皆さまも「体験談 その1」をお読みいただければ、共感いただけると思います。

「潤物細無声」を胸に、翻訳で日中両国の相互理解に貢献し続ける

2014年、中国にあるトップレベルのシンクタンクの一つで

ある清華大学国情研究院の胡鞍鋼院長と北京でお会いし、中華人民共和国の歴史を初めてまとめた史書『中国政治経済史論 毛沢東時代』の翻訳出版という大役を依頼されました。

骨が折れる大仕事であることは承知していましたが、大先生からのご信頼に応えたいと思い、日中翻訳学院で翻訳チームを組みました。ところが、胡先生のご親友でもある著名な社会学者の橋爪大三郎先生が、老舗の出版社で訳されてきた胡先生の著作を読んだところ色々な問題があり、このような永遠に歴史に残る大作の翻訳出版を歴史の浅い出版社に依頼することに反対の意を胡先生に伝えました。しかし胡先生は「結果を見る」と答え、私との約束を違えることはありませんでした。

2年あまりの歳月を要しましたが、苦戦の末、『中国政治経済史論 毛沢東時代』の日本語版を上梓。橋爪先生は私たちの訳書に、新聞で「日本語訳文も正確で読みやすい。中国関係の必須図書として、全国のなるべく多くの図書館に一冊ずつ備えてもらいたい」（毎日新聞2018年1月14日）と書評にて、絶賛していただきました。以来、橋爪先生は、二作目『中国政治経済史論 鄧小平時代』、三作目『中国政治経済史論 江沢民時代』と、『中国政治経済史論』シリーズが出版する際には必ずお読みになり、しかも橋爪先生から新聞に書評をお寄せいただくばかりでなく、三作目『中国政治経済史論 江沢民時代』を「毎日新聞書評執筆者による『2022 この3冊』」（毎日新聞2022年12月10日）に選出していただくなど、日中翻訳学院の翻訳も含めて『中国政治経済史論』三部作を高く評価くださっています。

私自身も一層、翻訳出版とそのための教育の重要性を再認識し、日中関係の良し悪しにかかわらず、正しく理解できる翻訳は欠かせない、とても重要なことだと強く思いを新たにしました。

中国と日本は共に漢字の国であり、そして繊細な美しい言葉の表現を追求する国どうしです。しかし一見すると似ている言語でも、それぞれ文字や文法のみならず、文化背景、風習、言葉のニュアンスなどが異なるところも多く、その小さなニュアンスの違いで「感情」が変わり、「誤解」が生じ、思わぬところで「不愉快」な結果となる例も少なくありません。そうした「誤解の種」を取り除き、両国の人々の心が温まる言葉を、国境を越えて届けることこそが、私たちの果たすべき使命ではないでしょうか。

杜甫の五言律詩“春夜喜雨”「春夜雨を喜ぶ」の一句に、“潤物細無声”「物を潤して細やかに声無し」という言葉があります。物を潤す春夜の雨のように、目立たなくとも、努力を重ねることで、いつかは必ず成果が出るというのが私の信念でもあります。

1996年の日本僑報社創立以来、私の手を通して約500冊の書籍を日本の社会に送り出してきました。翻訳出版を通して、中国の鼓動を伝え、時代の発展を映し出し、歴史を記録してきました。

私と共に戦ってきた“戦友”である訳者の皆さまに、この場を借りて深く御礼申し上げます。皆さまの支えがあればこそ、地味で大変困難な仕事を幸せに続けてくることができました。その成果である訳本の数々は、日中両国にとってかけがえのない財産です。

本書では皆さまから私のことを“景子さん”“張さん”“段景子社長”など、様々な呼び方でお呼びいただいておりますが、どれも“最可愛的日本人”である皆さまからの親しみを込めた呼び方ですので、そのまま掲載しています。

私の「日中翻訳専門家を育てる夢」は、武吉次朗先生、高橋弥守彦先生をはじめ恩人の皆様の惜しみない貢献があればこそ実現できたものです。また、本書の刊行にあたって、高橋先生のご提案により、翻訳出版家として私の名前も編著者名に出させていただくことになりました。この場をお借りして、日中翻訳学院の先生方に深く御礼を申し上げます。

日本僑報社および日中翻訳学院は、全国の読者の皆さまをはじめ多くの方々から温かく支えていただいたことで、ここまで成長してくることができました。厚く御礼を申し上げます。

「焦らず、急がず、止まらず」という、私の留学生時代の身元保証人であった井出源四郎元千葉大学長からいただいた言葉のように、これからも引き続き精進して参ります。皆さまもどうぞ暖かくお見守りいただけますよう宜しくお願いいたします。

体験談 その1

図書翻訳者としてデビューした
受講生たちの率直な感想

・訳者のプロフィール等は掲載の訳本をご参照ください。

訳本『読書の社会学―国民読書推進のために―』

平松宏子

■『読書の社会学』について

本書は、中国で1997年から始まった全国民読書運動を主に社会学的に考察したものです。筆者自身、この研究を「学際的な研究」と述べているように、メディア学や政治学、経済学、歴史学、心理学、教育学、図書館学等からの観点で述べられたものもあり、内容は多岐にわたっています。当然のことながら、範囲も太古の時代から現代まで、中国のみならず世界各国の現状に触れています。

著者の黄暁新氏は、武漢大学図書館情報学院修士課程修了後、長年にわたり新聞・出版関係の仕事に関わり、現在は中国新聞出版研究院の最高責任者を務めています。

この本は、読書こそ国のソフトパワーであり、国力を高めるためには読書を推進していくべきだ、という考えから執筆されました。社会学や読書に関わる研究をしている人、日頃から読書にかかわる図書館の司書さん、学生さん、そして子育てをしている親御さんなど、読書にかかわるあらゆる人に読んで欲しい本です。

■翻訳にあたり留意したこと

翻訳にあたっては、日本僑報社から送っていただいた「注意事項」を順守しました。

まず表記について、武吉塾入塾の際に購入した『朝日新聞の用語の手引』を調べながら進めましたが、途中から先輩の翻訳者が手記で紹介していた『共同通信社記者ハンドブック電子書籍』も使用しました。漢字かひらがなかの表記に迷ったとき、いちいち本を開かなくても、間違っていれば画面に「注」と警告が出てくるのがとても便利でお薦めです。

また、日中翻訳学院の先輩方の訳書や、『中国出版産業データブック Vol.1』（日本僑報社刊）に掲載されている訳語を活用したりもしました。

本書が扱う範囲は歴史学、心理学、教育学など多岐にわたっており、誤訳のチェックが大変で、本書によく登場する人物の著作の日本語訳があれば借りてきて対照することもありました。また、日中翻訳学院のメールマガジンに掲載されている「先輩翻訳者の体験記」も、何かと役に立つ情報がいっぱいです。

■今までを振り返っての諸々の思い

「翻訳をしたい」という思いは、大学時代から持っていました。

武吉塾と高橋塾で修行を積み、その後思い切ってトライアルに応募しました。合格した喜びもつかの間、分厚い本が送られて来たときはめまいがしました。文が長く、内容は複雑、読んですぐわかるものではない！　言いたいことをつかむのにずいぶん時間がかかりました。文が難解でとても苦労しましたが、周囲の方々、特に「中国語の師匠」や娘夫婦にはかなり助けられました。

日中翻訳学院の「翻訳体験談」を読むと、皆、「調べること」にかなりエネルギーを注入していることがわかります。たった一つの単語の意味を調べるために、あちらこちらの専門家を訪ねたという記載もあったと思います。

張さんの指示を受け、文章を見直して「中国語を日本語に置き換えただけのわけのわからない文章」を「意味のある日本語」に整える作業を行っていきました。

高校の現代文の授業をイメージし、「まず自分が読んで理解してから、それをわかりやすく伝える」ことを念頭に置きました。自分が理解できていなかったり、伝えようとしても意味が通じない場合は、だいたいが誤訳でした。

また、武吉先生は「音読」することで細かい言葉にも注意を払うことが必要だとおっしゃられていました。

第1回の校正が終わり、翻訳を「完成品」として提出したはずなのに、いざ紙に印刷されたものを見ると、これでもかというほど修正箇所が出てきました。翻訳と言えば、外国語を日本語にして終わりですが、「翻訳家」の仕事は、その上に「正しく校正する」仕事があるのだということをかみしめています。これは、けっして簡単な仕事ではありません。また、量が多いだけに、見落としがまだまだありそうで、次の校正も緊張感を持って進めなければ、と思いました。

■その他

翻訳を始めるにあたり、「翻訳スケジュール」を提出しなければなりません。これに際し、日本僑報社の方が、こちらのスケジュールを尊重してくださったことに、非常に感謝しています。月1回の進度の報告以外、急かされたことは一度もなく、印刷に進む際も、「私の気が済むまで」待ってくださいました。

とてもありがたく思っています。当時は、平日は1時間、休日で2～3時間ほどしか確保できない状態で、その頃は「一生この本の翻訳をしているのではないか」とすら思っていました。

2校目に入ってからは、校正の他、本の紹介、翻訳者の紹介など、日本僑報社のご担当の方とのやりとりに忙しくなり、「プロになるってこういうことなんだなあ」と今までとの違いをかみしめました。勤務先の高校は中国の生徒も多く、日常的に通訳や翻訳をやっていますし、訳文が出版されたこともありますが、正式に刊行する書籍としての翻訳は初めてで、日本僑報社のご担当者の熱意、よりよいものを作り出そうという熱い思いを感じるにつけ、ミスは許されないと身が引き締まる思いがしました。

ゴールが見えてくるに伴って、達成感とともに、一抹の寂しさも感じましたが、一方で、次は何を訳そうかとわくわくしている自分もいました。翻訳という作業が本当に好きなんだと思います。

日中翻訳学院の先生方や日本僑報社の方々、その他お世話になった皆さまに、この場を借りて厚く御礼を申し上げます。

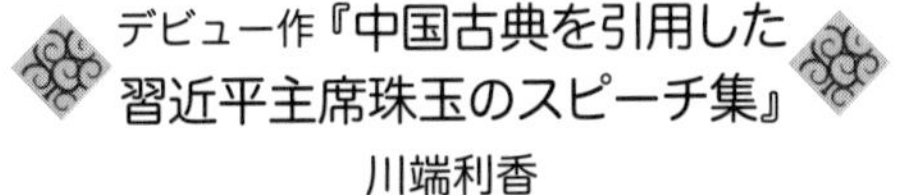

デビュー作『中国古典を引用した習近平主席珠玉のスピーチ集』

川端利香

■「自分の甘さ」を痛感

書籍翻訳を志すきっかけは人それぞれでしょう。私は悶々とした思いに後押しされて挑戦しました。留学や勤務などで中国に滞在した日々は年々遠ざかり、中国語の感度が鈍っていくのに焦りを感じていました。また、仕事の一環で、中国の政策やニュースなどを翻訳したり、関連レポートを書く機会はありましたが、書籍翻訳のように一冊の本として成果が形に残るものはありませんでした。「これではせっかく学んだものを『減価償却』する一方ではないか」「いつか書籍翻訳に挑戦してみたい」。悩んだ末、昨夏、翻訳スキルの向上を目指して日中翻訳学院の「高橋塾」第四期を受講しました。日本語と中国語は発想や視点が異なることなど、「腑に落ちる」ことが多く、苦戦すると同時にやりがいも感じました。受講期間が終わる頃、タイミング良く翻訳者募集があり、思い切って挑戦してみることにしました。

■叱咤激励を受けながらの翻訳作業

当初、応募したのは別の書籍でしたが、編集部とのやりとりを通じて、『中国古典を引用した習近平主席珠玉のスピーチ集』の翻訳を担当することになりました。その時、直感したのは「中国共産党総書記、国家主席という政治的に最高位の立場にある習近平氏のスピーチをテーマにした内容だから、翻訳には相当気を使うだろうなぁ」ということ。一方で、「ニュース翻訳には慣れているし、テレビ番組を書籍化した内容だからやってみたい、何とかなるだろう」と思いました。それが「大甘」(おおあま)だったのです。

翻訳作業は予想に反して単独で行うことになりました（日本

僑報社の張景子社長や編集部の方々は肝が据わっています)。叱咤激励されながら翻訳作業に取り組み、結局、最終校正に至るまで1年以上の時間を費やしました。「自分の甘さ」を痛感しました。

最大の失敗は、翻訳のスケジュール管理を厳格にできなかったことです。編集部は翻訳者の自主性を重んじてくれ、原稿や締め切りをうるさく催促されることはありませんでした。一方、私は所属している会社の業務と翻訳作業の二足のわらじを履いたため、翻訳作業の進行に甘えが生じてしまいました。当初予定していた2019年末までにしっかりした初稿を提出することができず、張社長よりお叱りを受けました。

■確認に時間を要し、訳語選びに神経をすり減らす

翻訳作業では幾つかの「壁」にぶつかりました。まずは「中国古典」の壁。他の翻訳者の経験談でも触れられていましたが、私も中国古典を専攻した経験は無く、古典を調べ、複数の資料をもとに解釈を検討・確認し、自分の訳語を選ぶのに予想以上に多くの時間を費やしました。今回翻訳した書籍には、孔子の名言のようによく知られたものもあれば、全く馴染みのない古典の一節もありました。そこで、この分野の権威が執筆された「中国古典名言事典」や「中国思想基本用語集」などを読むと同時に、書籍で見あたらないものはインターネットで検索しました。中国語、日本語、双方の解説をあたり、リサーチにかなりの時間がかかりました。一番困ったのが、習近平主席ご自身が詠んだ『焦祐禄を追想する』でした。参考となる日本語訳が

見つからず、最終校正まで張社長とともに検討・修正を重ね、念のため北京の出版元にも訳語をチェックして頂きました。最高指導者の作品だけにミスは許されません。とても神経を使いました。

次に、習近平主席の発言や中国の政策など、政治的な色合いを帯びた言葉に関しては、張社長や編集部からの指摘を受けて、訳語の選択や脚注の内容を検討し直し、最も適切な訳語を考え直しました。「テレビ番組の活字化」という壁も。本書はQRコードで書籍の元となったテレビ番組を視聴することができます。これを見て、テレビ番組のテンポの良さや出演者の語り口を殺さずに、なるべく簡潔に文章に訳そうと心がけました。

■最後に

翻訳から書籍化まで、長い道のりを叱咤激励しながら辛抱強く伴走してくださった張社長、編集部をはじめ、関係者の方々の多大なる御協力に心より感謝申し上げます。中でも、張社長の翻訳に対する厳しい姿勢や鋭い言語センスからは多くの学びや気づきを得ました。原書や訳文を確認・推敲した回数は、もしかしたら、翻訳者の自分よりも多いかもしれないと感じています。ミスを出さない、よりよい表現を目指す努力を惜しまない姿勢に感銘を受けました。何より翻訳への愛を感じました。

また、夜遅くまで何度も校正原稿を編集してくださった編集部の皆さま、日本語訳をチェックし、問題点を指摘してくださった諸先生方、国家主席のスピーチ集という堅い内容からは想像できなかった優しいピンク色の牡丹の花を表紙に描いてくださったデザイナーの方、書籍化に携わってくださった全ての方々に感謝してやみません。

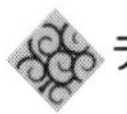デビュー作『中国人の苦楽観――その理想と処世術』

福田櫻

私は2019年8月より日中翻訳学院で学んでいます。いつか出版翻訳にチャレンジしたいと思い、日本僑報社・日中翻訳学院の翻訳者選抜に参加。本書『中国人の苦楽観』の翻訳者の一人に選ばれ、とてもワクワクしたことを思い出します。

初めての出版翻訳でわからないことも多く、日中翻訳学院に相談したり、できるだけ資料を入手して調べたりと試行錯誤を重ね、1年3カ月という時間をかけてようやく上梓することができました。以下、本書を翻訳する中で特に苦労したことについてご紹介します。

まず、古典の引用が多かったので、資料を探すことに苦労しました。中国文学科出身ではない私には、本文は翻訳できても、唐詩や儒学の古文などは訳すことはできません。そこで、中国文学関係の全集を購入したり、どの本に欲しい翻訳が載っているかなど検索し、できる限り入手しました。

また、さまざまに表現されている名士たちの生き様の色合いを訳し分けることが難しかったです。同じ道家でも、老子と荘子では本文中にもあるように茶と酒のような違いがあります。

老子は老獪な印象を受けますが、荘子はユーモラスです。李白は豪放に感じますが、その中に悲哀もあり、王国維は静かな生の拒絶によって永遠の生を選びます。著者の先生はそれらの色合いを見事な書き分けを日本語に訳すのに苦労しました。

名士たち各々の苦悩を表現する言葉が、辞書に載っている言葉では適切とは限らないという問題にもたびたびぶつかりました。しかし著者の先生の文章を意訳するというのは、なかなかに大それたことではないか、とも私には感じられました。著者の先生は長年研究をされて、この本をお書きになったと思います。それをどこまでおっしゃりたいことを汲み取れるか、訳しきれるか、ということがプレッシャーでもありました。どれだけ原書に忠実に意訳できるか、という点もかなり頭を悩ませたことの一つです。

また、金聖嘆の「愉快なことではないか」という、愉快を感じる瞬間を30近く述べた文章は、古典というほど古くもないですが、語調が難しく、意味を理解するのが難しかったので、まずはこの文章の現代中国語訳を探しました。

やはり古典の中国語を訳す能力があるとないとでは、日本語訳の幅に差が出てくると痛感しました。今後古典も書き下し文を自分で作れるようになることが目下の目標です。

この度、『中国人の苦楽観』を翻訳するという翻訳者デビューの機会を頂き、自分自身とても幸運だったと思います。日本僑報社・日中翻訳学院の方々にご指導いただきまして、お礼申し上げます。

デビュー作『中国の農村振興』

佐藤恵美

私は日中翻訳学院の高橋塾で課題提出を重ねるうちに、「いつか自分も出版翻訳に挑戦できればよいな」と考えるようになっていきました。その矢先、たまたま日中翻訳学院受講生向けの翻訳者募集を知り、応募だけでもしてみようと、ダメもとでトライアルを提出しました。その後、募集締め切りから数日して思いもがけず受け取った一通のメール……。応募した出版物の訳者の方は決まってしまったということで、あらためて別の出版物の翻訳作業への参加をお声掛けいただくことになるとは、夢にも思っていませんでした。

こうして、他の2名の訳者の方との共同翻訳で初めての出版翻訳にチャレンジすることになりましたが、どこから手をつけてよいのか当初は困惑しました。とりあえず、翻訳対象の内容は記者の取材記事だったため、「人民網」の日本語版サイトや「AFPBB News」の中国関連記事などを中心に読み、どういった文体で翻訳されているのか等を参照することから始めました。次に、文章内容のほぼすべてが知識のない分野だったため、中国と日本の関連サイトで実情や専門用語などを検索して調べましたが、これもまた相当の時間を要しました。

こうして翻訳作業を経て、完訳原稿の提出に何とかこぎつけたものの、その後に続く初校では「こんなに稚拙な翻訳をしていたのか」と恥ずかしくなるほど、自分の能力のなさを思い知りました。翻訳出版は書籍としての体裁で校正原稿をいただくことになるため、PCで単純に作成した文章や手書きなどで書いたものとは全く違うのだとあらためて気づかされたのでした……。

校正をしているはずが、いつのまにか推敲に変わっていき、読み返していくにつれ「この訳文で本当に良いのかどうか」と無限ループに陥ってしまったのです。結局、二校の折にまで修正が結構入ってしまい、編集担当の方や出版DTPの方にご迷惑をお掛けしてしまったことを反省しています。

今回、未熟者ながら幸運にも出版翻訳の機会をいただき、本当に感謝しています。日本僑報社・日中翻訳学院の皆さまに心よりお礼申し上げます。

デビュー作『中国の農村振興』

田中悦子

私は今回、『中国の農村振興』の翻訳チームに参加させていただきました。出版翻訳に携わるのは初めてだったので、編集部から送っていただいた本書を手に取り、自分の訳したページを見た時には、思わず歓声を上げてしまったほど、とてもうれしく思いました。そして同時に、翻訳者としての大きな責任も感じました。今回の翻訳に参加した経緯、苦労したことや学んだことなどを中心に、感想を書かせていただきます。

■苦労したこと

私が担当した第１章は、農業・農村の現代化を進める政策、スマート農業、Ｅコマース、公共サービスのデジタル化などに関する内容でした。私はデジタル分野やスマート農業、最近の中国事情にもあまり詳しくなく、まずはこれらについて、書籍やインターネットを通じて知ることから始めなければなりませんでした。当初は分からないことばかりで、手当たり次第にインターネットサイトを検索し、気がつけば時間だけが過ぎてしまうことが度々ありました。

そして何よりも悩まされたのは、自分の日本語の表現力不足でした。やっと訳し終えて自分の書いた文章を読み直すと、書籍の文章とは似ても似つかぬ、非常に稚拙な文章でした。これでは人に読んでいただけないと焦り、修正を試みました。しかし元々持っている文章力が不十分だったことと、出版物のような文章を書き慣れていなかったため、書籍らしく、そして読みやすい文章にするのは非常に困難でした。

■学んだこと

今回の出版翻訳で学んだことが2点あります。

1点目は、今回の翻訳で苦労したことから、翻訳には読解力はもちろんのこと、関係する知識やリサーチ力、そして日本語の文章力がとても大事だということです。

普段から、日本語だけではなく中国語の新聞や書籍、インターネットサイトなどを通じて今の中国事情を把握しておけば、よりスムーズに適訳ができたと反省しました。読解力不足も痛感したので、より多くの中国語の記事を注意深く読むことで、情報を読み取る力を高めたいとも思います。また、情報源となるインターネットサイトを常に整理しておくことや、図書館にある参考書籍の把握など、リサーチ力をもっと高めておく必要も感じました。

また文章力については、書籍らしい文章表現ができるように、これからは新聞や本などを読む時に文章にも注意を払い、上手い文章や表現をまずは真似ることから始めようと思いました。

2点目は、翻訳は黙々と1人で行う孤独な作業ではなく、有形無形の多くのサポートを頂きながら作り上げ、文字を介して多くの人と繋がっているということです。

まず、編集部の方々から、スケジュール管理や校正など手厚いサポートを頂き、とても心強く感じました。

また、高橋塾でのご指導や、「日中翻訳フォーラム」「高橋塾スクーリング」も、翻訳を行う上で大変貴重な情報源となりました。

そして、翻訳者は文字を介して、原作者とも読者とも繋がっていると感じました。原作者の思いや意図を読み取りながら訳し、読み手のことを考えて文章を書くことはとても大変ですが、翻訳者は文字を介して原作者と読者を繋げることができると思うと、そこに翻訳の面白さも感じました。

まだ先輩翻訳者の方々に及ばない点も多々ありますが、今の自分にできることは、文字の向こうにいる原作者、読者に思いを寄せながら、原作者の思いを読者にきちんと伝える文章が書けるように、努力を続けていくことだと思っています。

これからも編集部のお力添えや、高橋先生のご指導をいただき、先輩翻訳者の経験も学ばせていただきながら、頑張っていきたいと思います。どうぞよろしくお願いいたします。

デビュー作『中国の農村振興』

山上佳子

中国語の勉強を始めて約18年、その頃の私はいわゆる「中級の壁」にぶつかっていたが、中国語の本を訳してみたいという気持ちもあった。30年近く英日翻訳を生業にしてきて、やはり翻訳という作業が好きなのだろう。

中国の農村振興に関する翻訳の仕事をいただいたのは、ちょうどそんな時だった。しかし、手を挙げたのはいいが、まとまった量の中国語を訳したことがなく、自分が一日でどのくらいの量をこなせるのか、作業ペースもわからない。送られてきた漢字の山（！）を見て、焦ってしまった。これは到底期日までに終えられないのではないか、今のうちに辞退してしまった方が迷惑をかけずにすむのではないか。そんな考えが頭をよぎり、一時は辞退のメールを書こうとするところまでいった。

しかし、一旦引き受けた仕事を放り出すようなことをしたら悔いが残る、幸いフリーランスなのだから、いざとなれば本業の仕事を全部断って時間を作ることもできる。そう思い直して始めてみると、テーマである農業や観光業は、専門知識はないが興味のある分野だったこともあり、意外に楽しくスムーズに作業が進んだ。

原稿を紙ではなくwordファイルの形でいただけたのは、語彙力が乏しく辞書を頻繁に引かなくてはならない私にはありがたかった。言葉の説明だけではわかりにくいものは、画像検索が役に立った。一通り訳し終えたところで、解釈に自信のない箇所について中国語を教わっていた先生に確認し、疑問点はほぼ解決した。そして、最終的になんとか期限までにゴールにたどり着くことができた。

出版された『中国の農村振興』を手にして、勉強してきたことが具体的な形になったことを嬉しく思う。ほとんど経験のなかった私に機会を与えてくださった日本僑報社の皆様に感謝したい。今回の経験を踏まえ、これから中国語とどう関わっていきたいのか、ゆっくりと考えてみたいと思っている。

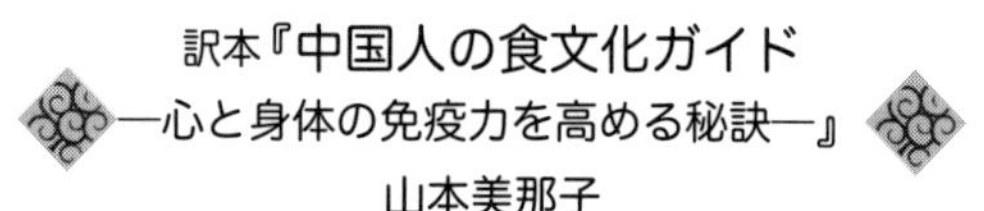

訳本『中国人の食文化ガイド —心と身体の免疫力を高める秘訣—』

山本美那子

私はこれまでに、いくつかの書籍を共訳で訳したことはありましたが、一冊の本を一人で翻訳するのはこの『中国人の食文化ガイド』が初めてで、その上古典からの引用も多く、調べ物に非常に時間がかかってしまいました。悪戦苦闘の末、翻訳を始めて1年2ヵ月経過してやっと最終校正を終えることができました。ここでは、私が翻訳に取り組むようになったきっかけや、翻訳で苦労したこと、楽しかったことなどを記していきたいと思います。

■翻訳との出会い

私は子供のころから本を読むことが大好きでした。今年は翻訳にかかりっきりだったので数冊しか読めていませんが、多い時には一年で八十冊くらいの本を読んでいます。そのせいか、学生時代には卒業論文について「文章が読みやすく、読み物として面白かった」との言葉をいただきました。研究論文として未熟だということは私も自覚していたのですが、この時の恩師からの言葉はその後二十年近くを経て訪れる翻訳生活を支えてくれることになりました。

私は学生時代に中国に一年間留学し、卒業後は中国に工場のある会社に入社したので、中国工場との契約書などを翻訳する機会もありました。結婚を理由に退社した後も、通訳ガイドの仕事をする傍ら、翻訳会社に登録して実務翻訳を何件かこなしていました。しかし、子供が生まれると、拘束時間が長い通訳ガイドの仕事を続けることが難しくなり、翻訳に比重を置くべく、日中翻訳学院で翻訳を学びました。学院を修了すると、日本僑報者の翻訳人材データバンクに登録され、日中翻訳学院の受講生と修了生を対象とした翻訳者優先募集のメールが届くようになりました。下の子も六歳になり手がかからなくなった頃に応募したのが、私にとって初めての書籍翻訳である『一帯一路沿線65か国の若者の生の声』でした。この本は翻訳者二人で分担して翻訳したのですが、他の翻訳者さんの訳文と原文を見比べるという貴重な経験ができて、とても刺激になりました。校正、タイトル決め、キャッチコピー、内容紹介文などの一連の作業も初めて経験し、本とはこんな風に出来るものなのか！という感動も味わうことができました。

■翻訳の苦労話

今回の翻訳で一番苦労したのは、やはり古典の引用部分でした。ただ、私は学生時代、東洋史を専攻しており、漢文には親しんでいた方です。さらに私の夫も学生時代は中国文学を専攻していたこともあって、我が家には『論語』や『易経』などの和訳本や、漢文を読むために必要な『大漢和辞典（全十三巻）』が揃っていました。翻訳作業中は、私の周りには分厚い『大漢和辞典』が積み重なり、半ば辞書に埋もれるようにして過ごしていました。この『大漢和辞典』、実は結婚後に夫が中古で売っているのを見つけて衝動買いしたものです。それ以来ずっと「オブジェ」としてリビングの一角に飾られていたものなのですが、まさかこんなに役に立つ日が来るとは夫も私も思ってもみないことでした。

また、大量に登場する料理名を訳すのも根気のいる作業でした。日本人にもなじみのある「麻婆豆腐」や「青椒肉絲」などはいいのですが、私も食べたことのない料理が多く、一つひとつネットでレシピや写真を調べて、日本語の料理名を付けていきました。

とにかく長かった今回の翻訳作業でしたが、大切なことは、読者にきちんと伝えようとすることだと思いました。作者の意図に沿いながらも、読みやすく、わかりやすい文章にすることを心掛けていました。うまい言い回しが見つからず行き詰ったときには、一晩寝かせてから再読すると、いい表現が浮かびました。

■翻訳の楽しみ

苦労の連続だった今回の翻訳でしたが、私は食べることが大好きで、かつて中国留学中や、仕事での中国滞在中にさまざまな中国料理を食べていました。例えば、この本に登場した「土蚯凍（土蚯のゼリー）」も、福建省で知人の結婚式に出席した際に食べたことがあります。土蚯とは、浜辺に生息するミミズに似た虫だと書かれています。食べた当時は「ゴカイのゼリーだよ」と説明を受けました。少し緊張しながら口に運ぶと、エビのような味で美味しかったのを覚えています。そのため、料理について検索する際も「この料理美味しそう！」「今度中国に行ったら食べてみたいな」と楽しみながら調べることができたと思います。

またこの本は、とても幅広く中国の食を紹介しているので、思わぬ人物に出会うことができました。それは私が卒業論文で取り上げた元代の文人であり画家でもある倪瓚（げいさん）です。私は画家としての彼の生涯しか知らなかったのですが、この本では美食家の一人として紹介されていて、旧友の意外な一面を知ったような感動を覚えました。

この本には食物の効能についても書かれています。例えば、大根は咳を抑え、消化を助け、二日酔いや船酔いにも効果があるので「大根が城内に入れば、薬屋は店じまいをする」ということわざができたそうです。それを読んでからは、私も積極的に大根を食べるようになりました。このように、実生活に役立てながら翻訳を進めることができるというのは、なかなかできない経験だったと思います。そしてそのようなお役立ち情報を読者に伝えたいという思いも、長い翻訳作業を支える力になったと思っています。

幸いなことに、今回は挿絵も描かせていただくことができました。私はずっと趣味でイラストや漫画を描いてきたのですが、その拙い絵をこの場で披露することができて、とても嬉しく思っています。

最後になりましたが、翻訳に行き詰ったときに相談に応じてくださり、またイラストを使うことを快く承諾してくださった張社長と編集のみなさまに感謝しています。

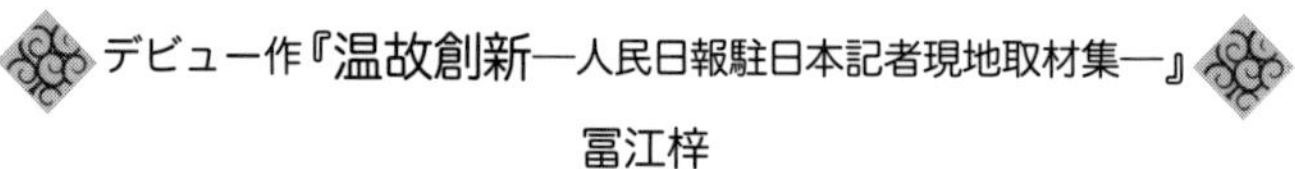

デビュー作『温故創新―人民日報駐日本記者現地取材集―』

冨江梓

■翻訳のおかげで!? 息子が生まれた!!

かつて私は、出口の見えないトンネルを歩き続けるような日々を送っていた。当時仕事を辞めて不妊治療を受けていたのだが、なかなか結果が出なかった。妻側の精神的・肉体的負担が大きいのに、不妊の原因は夫側にもあった。私は不公平に感じ、心のバランスを崩してイライラしていた。そんな辛い思いをしても、子どもを授かる見込みは数パーセント。いつまでこんな毎日が続くのだろうと感じていた。

そんな中、真面目に取り組んでいたのが日中翻訳学院の高橋塾だった。地方にいながらにしてハイレベルの講座を受けることができ、ありがたかった。内容は難しかったが、先生が丁寧で優しく、ミニ小説を読むのが楽しみで続けられていた。

2019年初め頃、日中翻訳学院から翻訳者募集の案内が来たので、腕試しのつもりで課題文の試訳を送ってみた。段景子社長からは厳しく問題点を指摘されたが、翻訳者にチャレンジする機会をいただけた。人民日報の記者が日本で取材した記録を翻訳し、新中国成立70周年に合わせて書籍として出版するのだという。

軽い気持ちで引き受けて、4月から翻訳作業を始めたものの、翻訳は思ったより大変だった。数十本のニュース記事を訳すのだが、まとまった分量の翻訳をしたことがないので時間がかかり、一日の目標分がなかなか終わらない。中国語の長い文章もろくに読んだことがない上に、日本語も未熟なため、うまく訳せない。それに日本語表記のルールも分かっておらず、『朝日新聞の用語の手引き』を見て初めて知ることが多かった。大変なことを引き受けてしまったと後から思い、もっと勉強しておくべきだったと後悔した。

その頃私は引き続き不妊治療を受けており、やはり成果が出なかったが、翻訳作業に集中したおかげで余計なことを考えずに済み、平日に婦人科へ行く以外は家にこもって作業に専念した。

7月、父が突然他界した。私が子どもの頃から施設で長年寝たきりの生活をしていて、体が弱っていたとはいえ、思ったよりあっけなく逝ってしまった。台湾に留学したにも関わらず、特に中国語を生かす仕事に就いていなかった私に対し、父はもどかしい思いをしていたようだ。そんな父のためにも翻訳を完成させなければ、という思いが強くなった。

何とか原稿を提出した後は、校正が待っていた。これも初めての経験で、『校正記号の使い方』を見ながら原稿に赤ペンを入れたのだが、読み直すと気になるところがどんどん出てきて、時間がかかってしまった。段景子社長から色々と翻訳に関する厳しい指摘を受け、日中翻訳学院の監修の方や編集部の皆さまからの修正も多かった。皆さまと力を合わせて努力の末、9月の初め頃に校了した。私自身としてもかけがえのない経験ができたと思う。ご協力いただいた皆さまに心より感謝申し上げる。

翻訳作業が終わった後、10月に妊娠が判明した。不妊治療はその時6回目の挑戦で、これでダメだったらお金も肉体的負担もさらにかかる次の段階に進むしかない、と思っていた矢先の吉報に驚いた。段景子社長に報告したところ、自分の親以上に喜んでくれて、伝えて良かったと思った。

2020年6月6日に息子が生まれた。コロナ禍のため、ほぼ一人で陣痛に耐えなければならず、立ち会い出産もできなかったが、数日後、夫に息子を会わせることができた。段景子社長から、「中国では数字の6に物事が順調に進むという意味があり、6月6日はとても縁起がいい」と聞き、うれしくなった。

現在私は、1歳になった息子を育てている。時々中国語の音読をすると、不思議な響きに感じるのか、私の口元を見てじっと聞いている。大きくなったら、生まれる前の話を聞かせてあげたいと思う。

デビュー作『中国の新聞・出版産業70年史』

山田周平

初めての出版翻訳という貴重な機会を頂戴したものの、出版まで2年近くかかってしまいました。達成感と反省の気持ちが混在する複雑な心境で出版を迎えております。

私は2018年10月から翌年にかけ、日中翻訳学院の武吉塾第21期を受講いたしました。武吉次朗先生から『「こってり中華」の中国語原文を「お茶漬けさらさら」の日本語に翻訳する』ための心得をさまざまにご指導いただきました。今回の翻訳に際しても、武吉先生の教えを守ったつもりですが、振り返れば他の翻訳者の方では感じないであろう悩みに直面しました。

それは私の本業が新聞記者であることが理由です。私は新聞社の特派員として北京・台北に合計で9年間駐在した経験があります。中華圏の特派員の日常業務は中国語で情報を収集し、日本語の記事を執筆して読者の皆様に届けることです。中日翻訳とかなり似た側面があり、私が日中翻訳学院に訓練の場を求めたのは記者としての仕事の幅を広げる意味合いもありました。

今回担当させていただいた中国語原文は新聞・出版産業に関する学術的な内容であり、文学などと違って大意をつかむことは比較的容易でした。それでも私が悩んだわけは、記者は通常、記事を組み立てる際にかなりの省略が許されている点にあります。例えば、中華圏の政治家や経営者は談話の中で、日本語には翻訳しにくい四文字熟語やことわざを多用します。新聞は読者に大意を伝えることが目的なので、翻訳しにくい中国語表現は意図的に省略し、日本語記事にわざわざ訳語を入れないことが多いです。あるいは、中国語の原文が分からないほど、徹底的にかみ砕いて日本語記事にします。

しかし今回の作業を通じ、書籍の翻訳では省略に限界があると感じました。「こってり中華」と「お茶漬けさらさら」の違いはあるにせよ、翻訳しにくい中国語表現を片っ端から省いていては、日本語書籍として成り立たないでしょう。私にとっては一冊全体を通じ、翻訳しにくい中国語の言い回しに正面から向き合い、分かりやすい日本語表現を探し出すのはかなり苦しい作業でした。

あとはどうしても職業柄、日本語の表現が新聞記事っぽくなってしまいますね。読みやすいとは思いますが、味気ないとも言えるでしょう。今後の改善点です。

いずれにせよ、日中翻訳学院・日本僑報社並びに関係者の皆様には、貴重な経験の機会をいただいたことに改めて感謝を申し上げます。そもそも原文が、私が身を置いている新聞産業に関わる内容でしたので、その点でもとても勉強になりました。私なりにかなり苦労して作業を終えましたので、今すぐに「もう一冊やらせてください」とはなかなか申し上げにくいですが(笑)。引き続きご指導のほど、よろしくお願いいたします。

デビュー作『知日家が語る「日本」』

石井敏愛

2022年夏、日中翻訳学院の訳者新規募集に応募し、翻訳チームへの参加が決定した。

まず、翻訳完了予定日（スケジュール）の作成に苦労した。事務局から担当範囲の連絡を受け、翻訳完了予定日を提出したが、平日は会社勤務もあり、自分がどれぐらいのスピードで翻訳ができるか不明だったため、調整の上で翻訳作業を開始した。

『記者ハンドブック』で常用漢字、送り仮名の付け方などを確認しながらの翻訳作業は時間を要した。どこまで日本語的な表現、意訳にするか、外国人の氏名や書名、他の訳者の担当部分とのバランスなど、見直せば見直すほど、気になる点が出てきて、キリがなかった。

翻訳は難しく、苦労は多かったが、やはり奥が深く、面白い。

原著は知日家による日本論という内容で、良く知っている日本のことを、中国人を中心とする作家陣が様々な角度から分析、考察していて、非常に興味深かった。

また、中国語の単語、用法、翻訳の仕方だけでなく、訳書の出版のプロセス（計画、翻訳、校正など）も勉強になった。

そして、翻訳チームの一人として本の出版に参加でき、形として残るもの（本）ができたことはいい経験となった。

私にとって、「中国語学習」と「IT日本語教育」はライフワークで、一生続けていきたいものである。もしできるならば、いつか自分が一定の知識がある分野、例えばビジネス、IT関連などの書籍翻訳にチャレンジしてみたいと思っている。

最後に、日本僑報社の皆様、貴重な機会と多大なるサポートをいただき、誠にありがとうございました！

訳本『知日家が語る「日本」』

平松宏子

私は2022年、『知日家が語る「日本」』の翻訳チームに参加させていただきました。

この本は、一言で言えば、知日家による異文化体験のエッセイ集です。私が担当したのは、教育問題を扱った第1章「よい教育とは何か」と第3章「規則は日本のコミュニケーションのすべてではない」、そして、第５章「日本人の生活の色」の前３つの作品です。

今回の翻訳は、非常に楽しい作業でした。

まず、第1章「よい教育とは何か」ですが、教員であり、子育て経験もある私にとっては、身近な話題ですから、とても楽しく翻訳できました。私は翻訳をするときに、まず内容を理解するために、大量に資料を準備することが多いのですが、第1章に関しては、インターネットで給食に関する法律を調べたり、ラジオ番組の名前を調べたりする程度でわかりました。

第3章「規則は日本のコミュニケーションのすべてではない」は、主に異文化コミュニケーションを扱っています。具体的には、近所づきあいの心得や、電車内でのパーソナルスペースとマナーについて、筆者の「新鮮な驚き」とともにまとめられていました。また、結婚式や法事での「水引」の結び方や、法事の際のバッグについての決まりなど、日本人も知らなかったことがいろいろ出てきて勉強になりました。

この章を訳していてラッキーなことがありました。それは、エッセイの舞台が「京都」や「大阪」であるものが多かったということです。大阪に住み、京都にもよく行くので、背景の理解が簡単でした。実は私は今、この『「知日家」が語る日本』の続編ともいえる作品を訳しているのですが、その中の一つの作品の舞台が、私が行ったこともない「神奈川県藤沢市湘南海岸」で、かなり戸惑いました。実際に地図で場所と行き方を確認し、公園にある石碑の様子や位置関係などは、行ったことのある友人に写真を送ってもらって確認しました。そんなこともあって、『「知日家」が語る日本』の担当箇所の背景が京都や大阪でよかったと思いました。

ただ、訳している中に「きつい京都弁」で話す人が登場するのですが、関西育ちではない私には「本場の京都弁」がどのようなものか判断できず、これは京都人である友人の世話になりました。

翻訳をするとき、書物やインターネットを活用して十分な下調べをすることは必要ですが、「知恵袋ネットワーク」を築くことも大切だと実感しました。今回は担当した著者が知り合いだったので、言葉のニュアンスも直接著者に聞くこともできました。小説の翻訳の場合、原作者と訳者が友達であるということをよく見聞きしますが、さもあらん、と思います。

第5章「日本人の生活の色」では、前半の3本の文章を担当しました。「藤色」「納戸色」など日本の伝統色について、訳しながら勉強できました。また、スマホの支払いに慣れた筆者が、日本に来て現金の扱いに慣れたことで日本になじんだことを実感した、とあるのは面白かったです。

今回も「翻訳チーム」による作業でした。お互いにチェックしあうのはなかなか大変ですが、非常にありがたかったこともありました。私は政治経済分野にうとく、エズラ・ヴォーゲルという有名人すら知らず、傅 高義という中国名のままにしていたのですが、しっかり指摘していただけました。感謝しています。

繰り返しになりますが、今回の翻訳は非常に楽しかったです。元々中国語を日本語に変換する翻訳という作業は好きなのですが、それに加えて、内容が、自分にとって興味があるものであったことが一番大きかったと思います。

少し前に、SNSで「自分の専門外のものを訳すとろくなことにならないから引き受けるものではない」という翻訳者の書き込みを見ましたが、仕事として翻訳を引き受ける場合は、自分と作品の相性も見極める必要があると思います。

日中翻訳学院およびチームの皆さまに深く感謝いたします。

デビュー作『知日家が語る「日本」』

金戸幸子

今回、本書の翻訳者の一人として参加させていただき、とてもよい経験になりました。

翻訳の過程で、日本で生活している中国人、気鋭の中国人が捉えた今の日本の姿に目から鱗が落ちる思いをしながら、多くを学ばせていただくことができました。

翻訳する際に心がけたのは、著者の「世界」に入り込むこと。

最初、担当部分が送られてきた時、日常に追われる中で、短期間でこんなにたくさん翻訳できるだろうかと不安でした。なかなかうまく訳せない箇所も多くありましたが、翻訳チームの方々からいただいた訳出や校正の仕方などは大いに勉強になりました。

自分が翻訳チームの一人として参加した本がこうして出版され、喜びもひとしおです。

こうして書籍という形で成果を残すことができたことは、自分にとっても大きな励みとなりました。日中翻訳学院と翻訳チームの皆さまに、この場を借りて御礼申し上げます。

デビュー作『知日家が語る「日本」』

菅原尚子

『知日家が語る「日本」』は、日本在住であるとか日本について詳しい中国の方などが書かれたエッセイをまとめた本です(一部日本人の書かれた作品もあります)。

原文はもちろん中国語ですが、内容はすべて日本に関することばかりです。が、ざっと読んでみたときに驚いたのは、日本のことなのに私が知らないことが多く、よくご存じだなあということでした。

自分がよく知らないことでも、日本のことや日本人の考え方などであれば、読めばだいたい分かるものです。ところが、中国の方の目を通して見たり感じたりした日本は、ちょっと異色なものでした。

同じ事実、例えば私は「終活」部分を担当したのですが、がんの公表についてのとらえ方について、日本人は何のためらいもなく公表すると言われると、そうかなあと思う部分がありました。

日本人にとってもがんになるのは恐ろしいことで、すぐに死をイメージしますし、積極的に人に知らせようと思うわけではありませんが、筆者は日本の有名人が、がんに罹患したことを公にするのが日本のがん文化の一つだととらえていました。

何となく違和感を感じながら翻訳しましたが、中国の方にとってのがんのとらえ方は日本人よりももっと深刻なのかもしれない、私が感じた違和感は程度問題なのかな、と後になって思いました。

中国の方が異文化としてとらえた日本、中国の思想や中国人の思考回路を経由した日本は、日本人である私も異文化として日本を見つめているようで、不思議な感覚でした。

今回は様々な方が書かれたエッセイということもあり、その方の個性というか、カラーみたいなものを残したいと思いながら翻訳してみました。

うまく色が出せているといいのですが……。

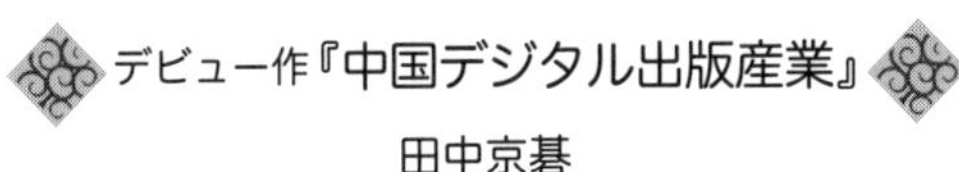

デビュー作『中国デジタル出版産業』

田中京碁

初めて引き受けた出版翻訳で、400ページを超える書籍を翻訳するのは非常に骨が折れる作業で、結局、校了までに1年半もかかってしまいました。

まずは原文をタブレット端末に入れて、寝る前・昼休み・通勤電車で読みました。その後、毎日数ページ、週末にまとめて10数ページというペースで日本語に訳していきました。中国語の原文自体は古語や文学的言い回しがあるわけではないため、意味を取るのにそれほど苦労はしませんでしたが、複数の筆者が執筆している論文集だったため、用語の使い方が統一されていなかったり、筆者によってはまわりくどい表現や癖のある文章が結構な頻度で出てきました。日本語として分かりやすい表現にするため、どこまで意訳すべきか迷い、前に進めないこともしばしばありました。

半年以上かけてようやく訳文を完成させ、提出したのですが、ほっとしたのもつかの間、訳文を提出してからの作業の方が大変だと知ることになりました。実際に、校正作業の方が翻訳よりも時間がかかりました。自分と共訳者の訳文の見直し、用語の統一、見出し記号の統一、附注内容の確認など、今まで「付帯的」だと考えていた作業がこんなに大変だとは思ってもみませんでした。

文章は一晩寝かせると自分の文章も客観的に眺められるようになることは知っていましたが、PCのモニターに映し出されたワードの同じ文章も、印刷モードと閲覧モードの違いでイメージが変わりミスを見つけやすくなり、タブレットに入れて持ち出し、通勤電車やトイレの中など読書環境を変えると、新しい「発見」ができることを知りました。しかし、「デジタル」はしょせん「デジタル」、紙に打ち出されたものにはかないません。ワードの文章校正機能や『共同通信社記者ハンドブック』ソフトのコメント機能も、赤ペンを持って紙に印刷された文書を追っていく作業に取って代えることはできないようです。少なくとも、「アナログ」の教科書で学生時代を過ごした自分の頭は、完全ペーパーレスにはついていけないようです。皮肉にも、「アナログ」の重要性を「デジタル出版」の翻訳で再認識したことになります。結局、第10校でようやく校了になったのですが、結構な分量の紙とインクを使うことになりました。

武吉塾では、「原文の理解に25、検索に25、そして日本語の最適な単語と表現を選ぶのに50の時間と労力が必要」と指導を受けましたが、今回の翻訳を通して、初めてこの言葉が実感できたような気がします。

やっとの思いで本一冊分の翻訳、校正が完了した時には、正直に言って達成感よりも疲労感の方が強かったのですが、印刷・製本された本を手にしたときには、ちょっとうれしいような、むずがゆいような気持ちになりました。

現在は、また翻訳の勉強を続ける毎日に戻りました。2年前同様、先生や諸先輩方の絶妙な訳語を目にするたびに、感服するとともに、自分もこんな訳ができる日が来るのだろうかと焦る気持ちが沸いてきます。しかし、一冊の本を訳し終えた今、これまでの自分とはちょっと違う自信のようなものができた気がします。

最後に、このような機会を与えていただいた日本僑報社の関係者に改めて感謝したいと思います。

 デビュー作『悠久の都 北京—中国文化の真髄を知る—』 

米井由美

本書の著者劉一達氏は生粋の北京っ子で、また著名な新聞記者でもあり、北京独自の文化やそこで暮らす人々や街の様子を題材とした小説やエッセイを多く出版しています。中にはドラマ化、舞台化された作品もあります。

李濱声氏は天安門に掲げられているかの有名な毛沢東の肖像画を描いた人物です。その後『人民日報』の人気コラム『風刺とユーモア』にて長年作品を発表し、それらの功績を称え中国アニメ・漫画業界で最も栄誉のある「金猿賞」を受賞しました。

本書は北京を知り尽くした二人による力作です。

原著を一読すると、内容はまだ平易な感じがしましたが、いざ訳そうとすると語感が鋭い劉氏独自の表現に大いに苦戦しました。「読むこと」と「訳すこと」はやはり全くの別物であると痛感しました。

各章のタイトルは、小見出しも含め、書いては消し、書いては消しの繰り返しで、なかなか訳しづらかったです。

第一章　「含英咀華（がんえいしょか）」→「知られざる北京の真髄」
第二章　「悠悠歳月（ゆうゆうさいげつ）」→「変わりゆく老北京の姿」
第三章　「有典有故（ゆうてんゆうこ）」→「文化の源は北京にあり」

4文字で統一された原題の雰囲気が損なわれないように注意しつつ、各章のタイトルを10文字で統一しました。

古典の引用は調べながら何とか訳すことができた一方、特に北京ならではの表現（方言としての北京語を含む）を訳すことは骨が折れました。そのような時は張社長をはじめとする北京とかかわりが深い方々におたずねしたり、映像も含む日中両国の資料を徹底的に確認して対処することもありました。

翻訳作業は訳語の見直しが何よりも大事です。そしてそれは時間がかかります。そのためには、まずは少しでも良いので訳して作業を進めるという姿勢が必要かもしれません。間違っても「後で一気にやろう」という考えは捨てるべきです（自分への戒めです）。

最後に、翻訳にあたって、並走し助けて下さった共訳者の福田さま、日本僑報社の段景子社長や編集部の皆さま、そして高橋先生と日中翻訳学院の皆さまに、この場をお借りして深く感謝申し上げます。

デビュー作『中国近現代文学における「日本」とその変遷』

浜咲みちる

日中翻訳学院の設立母体である日本僑報社から刊行された書籍のなかに、「日中翻訳学院の学習者と修了者には、日本僑報社の翻訳人材データバンクへ無料で登録されたり、翻訳や監訳の仕事が優先的に紹介されます」と書かれていました。私もいつかそうなったらいいなと思いながら、翻訳書の出版を目指して日中翻訳学院の高橋塾の門を叩きました。

翻訳チームに参加した書籍は『中国近現代文学における「日本」とその変遷』で、文学に関する研究書です。細かい字で、びっしりと書かれていました。「こんなに硬い内容の中国語が、私のような者に訳せるだろうか」という不安が頭をもたげました。

何しろ、私は中国語はまったくの独学です。不安とともに、夏の暑いさなか、朝から晩まで翻訳に取り組み始めました。

途中で原稿を送った際には、編集者の方が原稿をきちんとチェックしてくださったので、とても助かりました。訳が適切ではないと判断された箇所は黄色のマーカーが引かれていたし、もう少し調べる必要があると判断された箇所は桃色のマーカーが引かれていました。その指示に従って、訳を手直ししたり、図書館に何度も足を運んで本で調べたり、県外の図書館の書庫に置かれていた古い本を取り寄せたり、インターネットで検索したり、県の国際交流課に行って中国の人に尋ねたりして、できるだけ正確に原作者の意図が伝わり、日本語としても自然で読みやすい訳文になるように心がけました。今まで知らなかったことを知って興味深く感じたり、適切な訳が見つからなくて頭を抱えたことも度々ありました。

翻訳や推敲を行っていた間は、気がずっと張り詰めていて、とても緊張していました。自宅にいることが多く、そのためにストレスもかなり溜まっていたので、一日に1時間は、クラシックギターやミニハープを弾いて、気分転換をするように心がけました。

楽器を弾くことと、翻訳をすることには、共通点があるように思いました。同じ曲を百人が弾いても、弾く人のアレンジが一人ひとり違うので、まったく同じ演奏にはなりません。翻訳の場合も同じ文を百人が訳しても、翻訳者の感性が一人ひとり違うので、まったく同じ訳にはなりません。そのあたりが翻訳や演奏に共通する面白いところだと思いました。原作者の意図を自分なりに理解して伝えるのが翻訳だし、作曲者の意図を自分なりに理解して伝えるのが演奏だと思いました。

今回上梓された『中国近現代文学における「日本」とその変遷』は、私にとって初めて翻訳チームに参加できた翻訳書です。長年の目標を叶えてくださった日本僑報社と日中翻訳学院に、心より感謝いたします。

デビュー作『中国アニメ・漫画・ゲーム産業』

佐々木惠司

『中国アニメ・漫画・ゲーム産業』翻訳チームに参加させていただきました。共訳ということで、割り当てられた分量は全体の3分の1ほどです。振り返ってみると、翻訳者募集のメールをいただいてから訳本の刊行まで、1年半あまりの歳月がかかってしまいました。

アニメ・漫画の部分を意識していて、ゲームのことはあまり頭になかったのですが、実際に担当した部分はゲームがかなりの分量を占めていて、普段からゲームはやったことがなかったので困ってしまいましたね。

コロナ禍で本業の仕事が一時隔日自宅待機になり、不幸中の幸いでその時間を翻訳作業に充てることができました。

翻訳作業はパソコン上で行いました。編集部から原書のPDFをいただき、担当ページをプリントアウトして作業しました。パソコンスキルがある方なら、プリントアウトでの作業とパソコン画面上での作業の両方を活用できるでしょう。

翻訳に使ったのは電子辞書とパソコンです。電子辞書の中日辞典に意味が出ている単語もありますが、出ていない単語も結構多かったです。そのときはパソコンの翻訳機能を使いました。パソコンで検索するためにはピンインで簡体字を入力しなければなりません。たいていの漢字のピンインは分かりましたが、読めない漢字のピンインは電子辞書の中日辞典や漢和辞典の部首索引で調べました。

アニメ・ゲームのうち、日本では馴染みのない作品名には「鯉（Li）」のように中国語のタイトルを日本漢字＋ピンインの形で表示することになったのですが、中国語で複数の発音を持つ漢字などについて間違ったピンインをつけてしまうこともありました。ご指摘いただいた共訳者の大久保さんには感謝いたします。

もちろん辞書の意味を鵜呑みにするのではなく、それを踏まえてより自然な日本語になるように言葉を選ばなければなりません。ときには類義語も調べてより自然な日本語表現に近づけるように努力しました。

本書には図表が非常に多く、この部分についてはパソコンスキルがないので言葉の翻訳だけを行なって、図表にレイアウトする作業は編集の方にやっていただきました。ありがとうございました。

大量の中国語の原文を翻訳させていただいました。すでに翻訳書をたくさん上梓なさっている皆さまには釈迦に説法ですが、中国語の副詞はお飾りの“很”はもちろん、“比較”なども訳さないほうが自然な日本語になりますね。

体験談 その2

「高橋塾」と出会い学んだ感想

「読むこと」と「訳すこと」は別物

米井由美

高橋塾では、一つの課題文を数回に分けて翻訳し、期限までに提出します。後日、高橋先生が直接添削して下さったものが返ってきます。毎回丁寧にご指導して下さるので、訳の問題点が明確になり、大変勉強になりました。中国語の翻訳にご興味があれば、楽しく学ぶことができると思います。

課題文の難易度は、中国語がある程度できる方であれば、決して難しいものではないと思います。ただ、「読むこと」と「訳すこと」は別物です。いざ、訳そうとしても「日本語でどう表現すれば良いのか…」と悩むことが多かったです。その後、高橋先生から頂戴したご講評を拝見し、毎回「なるほど」と膝を打ちました。

中国語の翻訳にご興味がある方であれば、どのような方でも楽しく学ぶことができると思います。

唯一の心残りは、土曜日に仕事（授業）が入ってしまうため、スクーリングに参加できなかったことです。

 自己流から、「高橋塾」翻訳学習へ 

佐藤恵美

私は高橋塾第13期生として、日中翻訳学院で中日翻訳を学びました。これまでは自己流で翻訳業務などに携わってきたので、正式な課程や講座等を通じて翻訳を学ぶのは初めての経験でした。また、久しく中国語を使用する環境から離れていたため「果たして自分のレベルでついていくことはできるのだろうか？」と受講を決めるまでは不安で一杯、申し込みをギリギリまで悩んでいたくらいです(笑)。

結局、正規開講日より少し遅れての参加となりましたが、高橋先生からは毎回懇切丁寧なご指導と温かい励ましのお言葉をいただき、思い切って講座に参加して本当に良かったと添削指導のフィードバックを受領するごとに感じていました。

その後、新規出版物の翻訳者募集を知り、受講を開始したばかりの身ではありましたが、トライアルを提出。それがきっかけで翻訳者デビューの道が開けることとなりました。

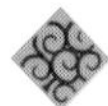

一から翻訳を始めようと思っている方や、キャリアを積んでいる方にもとても有意義な翻訳塾

福田櫻

高橋先生のご添削頂いた内容とその解説を読んでまず驚かされたのは、その論理的な説明です。私も様々な精読の授業や中国語の授業、添削を受けてきました。しかし自分の翻訳が添削された時、どうして自分の訳が間違いなのか、納得のいく回答を得られる機会というのはなかなかありませんでした。「そういうものだから」と済まされてしまうことは案外多いもので、結局納得のいかないもやもやが残ることもしばしばでした。

しかしその点、高橋先生の説明は長年の言語学的ご研究から論理的に組み立てられており、なぜ自分の翻訳が不適切なのかを指摘して頂けます。中国語は実質視点であり、日本語は話題視点である、という二つの言語の根本的な違いに気づかされ（詳しくは高橋先生のご著作「中日対照言語学概論」を一読されることをお勧めします）、自分の翻訳が中国語を日本語に訳す過程でどのように不適切だったのかを理解することができます。

このように書くと、なんだか厳しそう……と思われる方もいらっしゃるかと思いますが、高橋先生の言葉は常に温かく熱心でいらっしゃいます。同じミスをしても根気よく直してくださいます。訳の良かった点も褒めてくださり、翻訳が嫌になることもないと思います。

私は翻訳とは全く畑違いの学部を卒業していますが、この高橋塾で学ばせていただき、昨年初めて一冊の本を翻訳することができました。一から翻訳を始めようと思っている方にも、もうキャリアを積んでいらっしゃる方にもとても有意義な翻訳塾だと思います。

最後に、いつも熱心なご指導を頂いている高橋先生に感謝申し上げます。

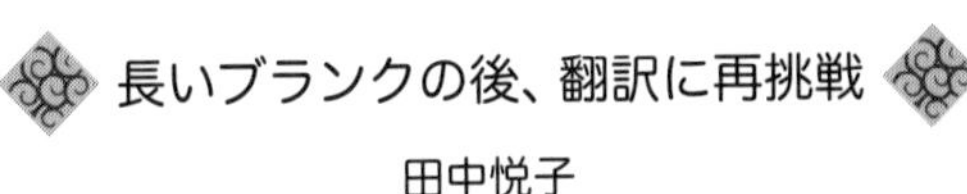

長いブランクの後、翻訳に再挑戦

田中悦子

私は大学で中国語を学び、長いブランクの後、約２年前から翻訳に再挑戦を始めました。『翻訳必携』を読んだことをきっかけに、日本僑報社のHPで高橋塾を知り、第7期の受講を始めました。

大学卒業以来久しぶりに、文法的レベルから中国語を学び直し、新鮮な気持ちで課題に取り組んできました。日本語の助詞の修正まで含め、丁寧にご指導を頂いた点に留意して、今回の翻訳に臨みました。

また、「日中翻訳フォーラム」「高橋塾スクーリング」で、先輩翻訳者の経験談を伺えたことも、翻訳を行う上で大変貴重な情報源となりました。

この場を借りて高橋先生や先輩方に深く御礼申し上げます。

短い文の練習で日ごとに翻訳スキルを向上

徐霊均

日本の大学院から卒業した後、中国に戻ってきて、日本語の言語環境を失うかと心配したから、中国でも受講できる翻訳クラスを探してみました。いろいろ比べながら、最後に高橋塾を決める理由は練習の材料でした。文学性がある美しい短文を課題文として、毎期の授業に2編目を取り上げられて、あまりストレスを感じられないのです。1編目の短文をさらに5回に分けられて、毎週200字前後の程度で翻訳の練習をしています。つまり、毎日一行の文だけについて、言葉を吟味し、翻訳の方を調整し、リズムを配慮する余裕があるので、翻訳練習の効果が生み出されています。膨大な量の練習を取り扱うクラスより、高橋塾は質のほうに目を向かって、職人の精神を持っているところだと実感しています。

メールのやり取りで高橋先生から指導をもらい、また疑問があるところがあれば、気楽に聞き続けています。このような流れによって、日本語らしい表現を学べる上に日中言語の相違点と共通点を会得しました。これから、いくつかの翻訳問題に取り組んできた体験エピソードを紹介させていただきます。

■役柄言葉「のう」の使用

課題文にある会話を翻訳する時、最初は人物の身分や年齢などにまったく気づいていませんでした。よく「誰が何々と言う」の形で訳しました。例えば、第23編目の課題文《桥》の中で、“于是，南岸就有人来找先生，请他也管管南岸的娃子。”と“这时，南岸的家长便不让娃去学堂，家长说往后会得关节炎的。”の表現があります。自分の拙訳は「そこで、南岸に住む人が先生を訪ねてきて、南側の子供のしつけも頼むと言った。」と「そこで、南岸の親たちは、子供たちが関節炎になる恐れがあると言って、学校へ行かせなかった。」でした。そして、高橋先生の参考訳文「そこで、南岸の人は先生を訪ね、わしらの子供も面倒見てもらいたいんですがのう、と頼みに来た。」と「この頃になると、南岸の親は子供が関節炎になってしまうからのうと言って、学校に行かせるのを渋る。」を拝見したら、「のう」という言葉に気になっていました。しかし、『日中辞典』で調べると、感動を表す“呀”、“啊”にあたると書いているが、どうしてこの場合で使うのか分かりませんでした。そこで、メールで高橋先生に聞いてみたら、すぐ返事をもらえました。「のう」は役柄言葉の一つで、田舎の父親の雰囲気を出していると教えてくださって、やっと分かりました。自分の方言にも“闹”という発音が似ている役柄言葉があるので、印象深い翻訳の勉強経験になりました。

■“两岸蓄着长胡子的老爷子”に関する語順の問題

もう一度第23編目の課題文《桥》にある表現を取り上げたいです。“每天，两岸蓄着长胡子的老爷子会在夕阳西下之际……”を翻訳した際に、原文の語順通りに「両岸に住む長い髭を蓄えた老人たち」と訳しました。高橋先生の参考訳文「髭の伸びた両岸の老人たち」の方が洗練だと感じだが、具体的な翻訳スキルが分からなかったです。また、添削文には「長い髭を蓄えた両岸に住む老人たち」と修飾する部分の語順を変えてもらいました。その理由についてメールで尋ねたら、意外にとても専門的な説明をいただきました。以下に引用しています。

“两岸蓄着长胡子的老爷子”の語順は「名詞“两岸”＋選択連語“蓄着长胡子”＋構造助詞“的”＋名詞“老爷子”」です。中国語の語順は関係的なむすびつき“两岸的老爷子”と規定的なむすびつき“蓄着长胡子的老爷子”とに分かれます。関係的なむすびつきとは名詞“两岸”と名詞“老爷子”との関係です。規定的なむすびつきとは動詞連語“蓄着长胡子”と名詞“老爷子”とのむすびつきです。選択連語は動詞連語のひとつです。動詞連語“蓄着长胡子”は名詞を規定するので、必ず名詞“老爷子”の前に用いられます。日本語の語順は［髭の伸びた両岸の老人たち］が基本です。日本語は名詞と名詞とのむすびつきのほうがまとまり性が出てくるので、日本語の語順は「動詞連語［髭の伸びた老人たち］＋名詞連語［両岸の老人たち］」となります。［髭の伸びた両岸に住む老人たち］は、［両岸の老人たち］を［両岸に住む老人たち］に表現を替えただけです。

こちらはまた疑問がありました。もし「動詞連語［髭の伸びた老人たち］＋動詞連語［両岸にすむ老人たち］」の場合は、「両岸にすむ髭の伸びた老人たち」になってもおかしくないか、と高橋先生に聞きました。先生はどちらも正しいのですが、両者の違い「髭の伸びた両岸にすむ老人たち」「両岸にすむ髭の伸びた老人たち」は区別しておく必要があるでしょう。強調したい語句が前に来ますとはっきり回答してくださって、やっとぴんときました。こんな短い文に関する翻訳の問題でも丁寧かつ熱心に指導を賜り、知らず知らずのうちに翻訳に対する興味や態度も培われました。

■スクーリングでの楽しい交流

毎期の終了と合わせて、オンラインでスクーリングに無料参加できて、高橋先生と学生たちとの交流する機会があって楽しかったです。12期の講演会のテーマは「交通手段を表す連述文と日本語訳について」です。高橋先生の丁寧な説明を拝聴して、特に中国語の原文を朗読された時、発音は方言の訛りがある自分より標準的だと感じでやや恥ずかしく思いました。講演会の後、学生たちは質問する機会もありました。私は例文8に興味深い点について聞きました。“弟骑着一辆旧自行车，驮着两袋黄灿灿的小麦，给我送到学校面粉厂。”の先生の訳文は「弟がオンボロ自転車に粒よりの小麦を二袋も積んで、学校の製粉場に届けてくれた。」です。事前にご論文を予習した時、もし日本語の訳文を先に見て中国語に訳すれば、自転車に乗るか自転車を押すかに迷っていました。高橋先生は以前中国にいらっしゃる時の見聞を紹介し、自転車の後ろに豚を五頭まで載せて運ぶ光景を話していただきました。これからも中国の深層を理解できる先生の下で、翻訳を勉強し続けたいです。

高橋塾で学んだこと

朱雅蘭

「日本語の訳文を読みやすく仕上げるために、どのような工夫をすればいいでしょうか」

それは、翻訳に関心を持っている人々が常に考えている問いだと思います。

しかし、自分の訳文の問題点はどこにあるのか、どのような訳文が読みやすいと言えるだろうか、また何かコツはないのか、というように、よりよい訳文を目指したいですが、どうすればいいかわからない人は少なくないでしょう。

高橋塾の情報を見かけたのは、そういう悩みを抱えている時期でした。

中国語を「コッテリ中華」、日本語を「アッサリ和食」にたとえられる理由が、翻訳テクニックの8項目にある、という一文に引っかかった私は早速、高橋先生のご著作『中日対照言語学概論』を拝読しました。言語学の視点から中国語と日本語の構文・連語・単語の各レベルにおける関係などについて、様々な例文と並べて詳しい解説が書かれていました。機械のような訳文を避けるために、「中日両言語を分かりやすくする実質視点と話題視点による表現上の違い」を意識しながら訳すことが大事だと考えさせ、大変勉強になりました。

更に日本僑報社・日中翻訳学院の『日中中日翻訳必携』シリ

ーズが、翻訳を学ぶのに必要不可欠な本だと言われています。中国の日本語学科の学生や中文日訳に関心を持っている方々の間では大人気のため、ぜひ高橋先生よりご指導をお受けしたいと思いました。

去年の11月から約3か月、高橋塾で勉強させていただき、一人で黙々と悩むより、先生から訳し方のヒントをいただいたり、凝りに凝った訳文を考えることが好きになりました。

ここから、日本語を母語としない外国人の目線から、「高橋塾」に参加できてよかったと思うところを2点、まとめたいと思います。

■一対一のご指導を受けながら、翻訳のテクニックを日頃の練習から学べる

翻訳の基礎を持っていない私は、第11期から参加させていただきました。週1回、課題文（中国語の文章2編を10回に分ける）を提出し、その後、先生から訳文へのコメント、解説と添削をいただきます。

単に「ここが間違っているよ、こうすればいいですよ」という翻訳テクニックを紹介したり、訳文の正解を示したりするのではなく、高橋先生は、塾生一人一人の訳文に合わせて、それぞれの問題点を突き止め、翻訳のコツを解説していました。今まで気づかなかった問題も、よりよい訳文を目指す方法も教えていただき、大変勉強になりました。

そして、読みやすい訳文になるためのコツについても色々と学ばせていただきました。中では、先生からのご助言を3点、

取り上げたいと思います。

今期の高橋塾で得た「翻訳の心得」は、以下の3点です。

①推敲を重ねること

②声を出して訳文を読んでみること

③日本語のオノマトペを活用すること

とくに日本語を母語としない外国人は、日本語の的確さという問題にも直面していると思います。そのため、単語と専門用語をたくさん調べたり、訳文を何度も推敲したり、色々と工夫しなければならないと思います。私は毎回、課題文に取り組むとき、**青字**で調べた単語を示し、波線で難しいと思った箇所を表記しています。それを読んだ高橋先生は、波線で引かれた箇所の一個一個に丁寧なコメントをいただき、理由も書いてくださったので、とてもありがたいです。

■塾生同士の交流の場で振り返る

通信制のため、コロナ禍で渡日の目途が経っていない今、海外にいても受講できるのが非常に助かりました。

今期の塾が終わったあと、日中翻訳フォーラムと合わせ、第11期のスクーリングも開催されました。高橋先生から中日両言語の重複表現をテーマとした基調講演をなされ、その後も翻訳の方法に関する質問にも丁寧に答えていただきました。更に翻訳デビューをなされた先生方から独自の翻訳のコツと翻訳の体験談について述べられ、翻訳者に目指そうとした高校時代の夢を再び蘇らせ、非常に素晴らしい勉強会になったと思います。

スクーリングで得た、翻訳するときに大事なことを3点ほどまとめてみます。

・同じ分野の本を少なくとも3冊読むこと
・徹底的に調べること（適切な専門用語、定訳があればそれを使うこと）
・音読などで通じる日本語に整えること

高橋先生から頂いたコメントの中では、声に出して訳文を読むという方法を取り上げられていました。翻訳するときには気づきにくいですが、いざ声に出して読んでみると、「ここがちょっと変だね」と思ったところもたくさんあるので、よりよい訳文を目指すために非常に役に立ったと思います。

中国の翻訳理論では、「信（訳文が原文を）、達（訳文の読みやすさ）、雅（訳文の美しさ）」という言葉があります。それを意識しながら翻訳することが、大変難しいと思いますが、今期の高橋塾を経て、翻訳ということ、そしてよりよい訳文を目指すために大切なことなど、改めて色々と考えさせられました。よりよい訳文を目指すには、やはり推敲を怠らないこと、そして練習を繰り返すことが大切だと思います。その分、高橋塾でのお勉強は大変よい刺激を与えてくれました。

まもなく次期も開催されるそうですが、前回の訳文の問題点と翻訳のポイントをまとめながら、引き続き、高橋先生のもとで翻訳力を磨き、一人前の翻訳家を目指していきたいと考えております。

謹んでこの文をもって、日中翻訳学院とご指導を頂いた高橋先生、そして塾生のみなさんに感謝の意を申し上げます。

■編著者　高橋弥守彦（たかはし やすひこ）

日中翻訳学院院長。大東文化大学名誉教授、日中通訳翻訳協会会長、東アジア言語文化学会会長、東日本漢語教師協会会長代行、東アジア国際言語学会名誉会長兼顧問、国際連語論学会顧問兼名誉副会長、日中対照言語学会顧問、日本中国語教育学会名誉会員、東松山市中国語学習会顧問、華中師範大学語言学系客座教授、延辺大学特約撰稿研究員など。専門は中国語文法学、日中対照言語学、翻訳学（中文日訳）。著書に『中日対照言語学概論―その発想と表現―』（単著、2017年、日本僑報社）、『格付き空間詞と〈ひと〉の動作を表す動詞との関係―日中対照研究を視野に入れて―』（単著、2009年、大東文化大学語学教育研究所）、『実用詳解中国語文法』（単著、2006年、郁文堂）、『日汉对比语言学』（共著、2015年、南開大学出版社）、『中国語虚詞類義語用例辞典』（共著、1995年、白帝社）、『中国語と現代日本』（共著、1985年、白帝社）、『中国語談話言語学概論』（王福祥著、共訳、2008年、白帝社）、『中国語の表現と機能』（劉月華著、共訳、1992年、好文出版）、『中国語語法分析問題』（呂叔湘著、共訳、1983年、光生館）など多数。

■編著者　段景子（だん けいこ）

翻訳出版家。1989年北京から来日。1996年より日本僑報社創立に参加。テンプル大学日本キャンパス、日本女子大学の教員などを経て、2004年より日本僑報社取締役。2008年より日中翻訳学院事務局長。2012年日中著作権代理センターを設立など、日中両国の出版界交流の促進に尽力する。高知県立大学大学院にて博士（社会福祉学）学位を取得。立教大学共生社会研究センター研究員、中国・開澤弁護士事務所日中著作権センター高級顧問、出版翻訳プロ養成スクール「日中翻訳学院」事務局長などを兼任。

日中中日翻訳必携 実戦編V 直訳型、意訳型、自然言語型の極意

2023年10月6日 初版第1刷発行

編著者 高橋 弥守彦（たかはし やすひこ）
段 景子（だん けいこ）

発行者 段 景子

発行所 株式会社 日本僑報社
〒171-0021 東京都豊島区西池袋3-17-15
TEL03-5956-2808 FAX03-5956-2809
info@duan.jp http://jp.duan.jp
https://duanbooks.myshopify.com/

2023 Printed in Japan. ISBN 978-4-86185-315-9 C0036

日中翻訳学院のご案内

http://fanyi.duan.jp

「信・達・雅」の実力で日中出版交流に橋を架ける

日本僑報社は2008年9月、北京オリンピックを支援する勉強会を母体に、日中の出版交流を促進するため、「日中翻訳学院」を設立した。以来、「忠実に、なめらかに、美しく」（中国語で「信・達・雅」）を目標に研鑽を積み重ねている。

「出版翻訳のプロ」を目指す人の夢を実現する場

「日中翻訳学院」は、「出版翻訳」の第一線で活躍したい人々の夢を実現する場である。「日文中訳」や「中文日訳」のコースを設け、厳選された文芸作品、学術書、ビジネス書などのオリジナル教材を使って、高度な表現力を磨き、洗練された訳文を実現する。運営母体の日本僑報社は、日中翻訳学院で実力をつけた成績優秀者に優先的に出版翻訳を依頼し、多くの書籍が刊行されてきた。

当学院の学習者と修了生には、日本僑報社の翻訳人材データバンクへの無料登録に加え、翻訳、監訳の仕事が優先的に紹介されるという特典がある。自ら出版、翻訳事業を手がける日本僑報社が設立した当学院だからこそ、「学び」が「仕事」につながるというメリットがある。

一流の講師陣、中国の翻訳界と友好関係

日中翻訳学院は、日中翻訳の第一人者である武吉次朗氏をはじめとする実績豊富な一流の講師陣がそろい、一人ひとりに対応した丁寧な指導で、着実なステップアップを図っている。メールによる的確な添削指導を行う通信講座のほか、スクーリングでは、それぞれのキャリアや得意分野を持つ他の受講生との交流や情報交換がモチベーションを向上させ、将来の仕事に生きる人脈も築かれる。

中国の翻訳界と友好関係にあり、実力養成の機会や活躍の場がますます広がっている。

根強い人気を誇るロングセラーの最新版、ついに登場！

病院で困らないための日中英対訳

医学実用辞典

Amazonベストセラー**第1位**
〈医学辞事典・白書〉(2016/4/1)

海外留学・出張時に安心、医療従事者必携！指さし会話集＆医学用語辞典。全て日本語（ふりがなつき）・英語・中国語（ピンインつき）対応。

推薦 岡山大学名誉教授、高知女子大学元学長 **青山英康**医学博士
高知県立大学学長、国際看護師協会元会長 **南裕子**先生

A5判312頁 並製 定価2500円＋税
2014年刊 ISBN 978-4-86185-153-7

同じ漢字で意味が違う

日本語と中国語の落し穴

用例で身につく「日中同字異義語100」

久佐賀義光 著

"同字異義語"を楽しく解説した人気コラムが書籍化！中国語学習者だけでなく一般の方にも。漢字への理解が深まり話題も豊富に。

四六判252頁 並製 定価1900円＋税
2015年刊 ISBN 978-4-86185-177-3

中国近現代文学における「日本」とその変遷

劉舸 著

中国大陸、香港地区、台湾地区における日本を題材にした中国近現代文学について体系的に比較研究を行い、中国人の奥底にある日本観の全貌をあぶり出し、中国人の日本観を鏡として映し出された中国人の意識に切り込んだ意欲作。

四六判328頁 並製 定価6200円＋税
2021年刊 ISBN 978-4-86185-290-9

悠久の都 北京

中国文化の真髄を知る

劉一達 著　李濱声 イラスト
日中翻訳学院 本書翻訳チーム 訳

風情豊かなエッセイとイラストで描かれる北京の人々の暮らしを通して、中国文化や中国人の考えがより深く理解できる。国際社会に関心を持つすべての方におすすめの一冊！

四六判324頁 並製 定価3600円＋税
2022年刊 ISBN 978-4-86185-288-6

日本の「仕事の鬼」と中国の〈酒鬼〉

漢字を介してみる日本と中国の文化

冨田昌宏 編著

鄧小平訪日で通訳を務めたベテラン外交官の新著。ビジネスで、旅行で、宴会で、中国人もあっと言わせる漢字文化の知識を集中講義！
日本図書館協会選定図書

四六判192頁 並製 定価1800円＋税
2014年刊 ISBN 978-4-86185-165-0

中国漢字を読み解く

～簡体字・ピンインもらくらく～

前田晃 著

簡体字の誕生について歴史的かつ理論的に解説。三千数百字という日中で使われる漢字を整理し、体系的な分かりやすいリストを付す。初学者だけでなく、簡体字成立の歴史的背景を知りたい方にも最適。

A5判186頁 並製 定価1800円＋税
2013年刊 ISBN 978-4-86185-146-9

日中常用同形語用法 作文辞典

曹櫻 編著
佐藤晴彦 監修

同じ漢字で意味が異なる日本語と中国語。誤解されやすい語を集め、どう異なるのかを多くの例文を挙げながら説明する。初心者から上級者まで非常に有用な一冊。

A5判392頁 並製 定価3800円＋税
2009年刊 ISBN 978-4-86185-086-8

中国政治経済史論 江沢民時代

シリーズ **毛沢東時代、鄧小平時代** 好評発売中！

橋爪大三郎氏
「2022この3冊」選出
（毎日新聞2022年12月10日）

中国語版、英語版に先駆け、日本語版を初刊行！ **胡鞍鋼 著**

A5判600頁 上製 定価18000円＋税
2022年刊 ISBN 978-4-86185-303-6

この本のご感想をお待ちしています！

本書をお買い上げいただき、誠にありがとうございます。本書へのご感想・ご意見を編集部にお伝えいただけますと幸いです。下記の読者感想フォームよりご送信ください。
なお、お寄せいただいた内容は、今後の出版の参考にさせていただくとともに、書籍の宣伝等に使用させていただく場合があります。

日本僑報社 読者感想フォーム

http://duan.jp/46.htm

日本僑報電子週刊 メールマガジン 登録無料

http://duan.jp/cn/chuyukai_touroku.htm

中国関連の最新情報や各種イベント情報などを、毎週水曜日に発信しています。

日本僑報社ホームページ **http://jp.duan.jp**

日本僑報社e-shop
中国研究書店 DuanBooks
https://duanbooks.myshopify.com/